第二部分　如何让团队决策更成功

结　语　打造明智团队的光明未来

时，他们就可以超过少数贤良的智能……当许多人都为协商过程献计献策，人人贡献一分意见和一分思虑时……有的长于此节，有的优于彼处，各取所长汇于一处则完美无瑕"①。[2]亚里士多德敏锐地认识到，群体成员在一起协商议事，是有可能扩大他们的见识，消除错误，进而改善"少数贤良的智能"的。关键一点在于信息的综合，因为不同的人对于全部信息领会的部分各不相同，因此要把每个人的意见都加进来才能知晓整个信息的全貌。我们会在后面花些时间厘清亚里士多德的主张可能意味着什么，以及如何使其成为现实。

20世纪，哲学家约翰·罗尔斯（John Rawls）也说过类似的话："讨论的收益在于，哪怕是议员代表们，在知识和理性思考的能力上也都有局限性。他们当中没有谁能够洞悉别人知道的一切，也没人能够所见完全相同，认为他们会步调一致地采取行动。讨论是综合信息、集思广益的一种形式。"[3]尽管罗尔斯说的是民主，但他的观点也适用于所有群体，无论是私人的还是公共的，小型

---

① 此段论述引自亚里士多德的《政治学》（卷三章十一，156~157页）。吴寿彭先生所译《政治学》对此段论述的翻译为："就多数而论，其中每一个别的人常常是无善足述；但当他们合而为一个群体时，却往往可能超过少数贤良的智能。多人出资举办的宴会可以胜过一人独办的宴会。相似地，如果许多人（共同议事）人人贡献一分意见和一分思虑；集合于一个会场的群众就好像一个具有许多手足、许多耳目的异人一样，他还具有许多性格、许多聪明。群众（多数）对于音乐和诗人的作品的批评，常常较（少数专家）更为正确，情况就是这样：有些人欣赏着这一节，另些人则被另一节所感动，全体会合起来，就完全领略了整篇的得失。"本处翻译有所调整。——译者注

的还是大型的。

但群体真能成功超越少数贤良的智能吗？他们确实能够综合信息、集思广益吗？企业实现这个了不起的成就了吗？政府官员呢？很不幸，人类历史表明，群体一而再，再而三地辜负了自己的潜力。不但没有超越，许多群体最终证明都是蠢材。他们把宝押在注定要失败的产品上，错失千载难逢的良机，制定不成功的营销战略，投资和策略出了岔子，并在这个过程中伤害了数以百万计的人。

在群体能否做出好决策的问题上，不同风格的领导者的观点出现了严重分歧。许多杰出的商界领袖坚持认为，好决策就要让好多人参与决策，有他们在，就可以避免犯下愚蠢的错误。在政界，有些著名的成功领导人，例如罗斯福总统，就倾向于相同的观点。其他一些不太成功的总统，则把自己孤立起来，只听从一小撮臭味相投的顾问的意见。如果你想做出好决策，就得广开言路，多听大家的意见，这在许多圈子里已经成为大家的共识。

另外，我们也都很熟悉那些对自己的判断特别自信的领导者，他们认为团队判断和顾问们的大多数主意往往让人分心，浪费时间。许多暴君和部分天才更喜欢这样思考问题。有时他们成功了，连暴君也算在内，有一部分领导者确实是天纵英才，能够自己把事儿想明白。但更多的时候，他们失败了，部分原因就是他们做不到也不可能做到全知全觉。

虽然他们的自信是一种偏激的妄想，但是我们别忙着把他们的做法全盘否定。群体决策要想做好可能很难，而且有时会让我们怀疑到底值不值得费这么大劲。对有些人来说，一次好的群体讨论堪比一次难得的经历。经济学家建议，我们应该通过两方面的考虑来评估决策的价值：决策的成本和失误的成本。群体判断提高了决策的成本，因为参与的人很多。而且如果群体参与的结果是让决策变得更糟，这种决策也增加了——而不是减少了——失误的次数和强度（以及失误的成本）。

这一点让我们想起了群体迷思（groupthink）。欧文·贾尼斯（Irving Janis）首先阐释了这一理论，认为群体往往会导致强调共性，压抑个性。[4] 贾尼斯是对的：大多数时候，无论是私人群体，还是公共群体，他们犯错不是因为排斥了群体协商（group deliberation），而是因为进行了群体协商。协商之后，公司、工会和宗教组织往往会做出灾难性的决策，政府也一样。

“群体迷思”这个词可谓经典，而且已经当之无愧地跻身于流行词语的行列。但是，许多研究人员却找不到证据来支持贾尼斯的主张，很多人都试过，但基本无功而返。[5] 贾尼斯相信，那些凝聚力较强，秉持高度命令式的领导风格，专家插不上话的群体，尤其容易陷入群体迷思。为了支持这个观点，他提供了一些饶有趣味的案例。

但是，仅根据这些严格来说连随机对照试验都算不上的案例研究就下结论，并不是一件靠谱的事，更何况还有其他不支持贾尼斯主张的案例（包括尼克松政府和挑战者号航天飞机发射）。实验性研究不能始终如一地将特定群体的表现特征与群体迷思挂起钩来，即使贾尼斯自己强调的那些群体，也不例外。[6] 贾尼斯令人浮想联翩的论述看着更像是一部文学作品，而不是对群体如何犯错的准确记录，更谈不上能够对群体成功发挥有益的指导作用。

另外，贾尼斯的理论是在现代行为科学兴起前形成的。而现代行为科学的兴起则带来了一批不同于以往的独立文献，代表作不仅有卡尼曼的《思考，快与慢》（*Thinking, Fast and Slow*），还有艾瑞里的《怪诞行为学》（*Predictably Irrational*）、穆来纳森和沙菲尔的《稀缺》（*Scarcity*）以及塞勒和桑斯坦的《助推》（*Nudge*）。[7] 不过到目前为止，还没有人对近期行为研究成果如何影响企业和其他群体的表现给予任何形式的持续关注。我们的目标是填补这一空白，希望把包括行为经济学在内的行为研究与群体绩效的问题直接联系起来。

通过这种方式，我们寻求超越群体迷思的禁锢，对群体失败问题（包括涉及团队和组织的企业与政府失灵）有更准确的认知，寻找潜在的解决方案。我们将通过对几十年研究历程（其中也有我们自己的心血）的阐述，试图厘清那些要为各种各样的协商型群体的失败负责的机制，指明通向成功实践的道路。许多最富建设性的意见表明，有些小措施，反而具有非凡的价值，可以立即实施，并且能够产生很大的影响。无数的企业可以做得更好，无论是对它们的员工还是客户。这同样适用于政府机关以及许多其他群体，包括慈善组织、宗教团体和教育机构。

互通消息，共享资讯

我们两个人已经对群体决策研究多年，这本书就大量取材于我们自己的实证工作以及经历。

2009—2012年，桑斯坦曾担任白宫信息与规制事务办公室（OIRA）主管。OIRA协助监督环境保护、工作场所安全、卫生保健、移民、农业、国土安全以及其他众多领域的联邦法规的制定工作。在联邦政府以及其他许多地方，群体决策是一种常态，大型项目和政策的命运都取决于群体成员的关系与互动。

OIRA工作的关键，是要尽可能确保重要的规则和规定符合法治精神，实实在在地造福美国人民，并且不会产生不合理的成本。想让这个流程运作良好，一定程度上就需要自身掌握着大量信息的各个联邦政府部门，能够分享它们掌握的信息，进而实现更好的结果。例如，经济顾问委员会有很多通晓经济影响的专业人员，环境保护署（EPA）则有环境方面的专家，美国贸易代表办公室对贸易问题知之甚广，科技政策办公室则有着丰富的科学专长。当来自不同机构和部门的人能够畅所欲言，把他们知道的信息讲出来时，群体决策就能做得更好，避免出现大的失误。

举例来说，假如EPA正在审议一项可能减少电厂空气污染的提案，它就需要联邦政府内部其他人士的信息。它需要掌握经济学和科学方面的知识，可能还需要了解一点贸易知识。没错，EPA有自己的专家，但如果能够得到其他领域的专家权威指点迷津，它可能会做出更好的决策。正如我们将在后文中强调的那样，具体的角色分工可以确保重要的观点不被忽略，因此是群体运转良好的标志。细致的成本 – 效益分析，是系统 2 慢速思维的典型范例，也是克服行为偏差，包括群体偏差（group biases）的一个重要途径。

可以说，外交政策领域也是如此。有关“好流程”的想法听起来枯燥乏味，但是一个国家之所以能够避免外交政策失误，或做出精明的决策，往往是因为它有一个比较到位的“好流程”，能够确保领导者了解他们需要知道的信息，而且有价值的信息不会缺少或丢失。在白宫，国家安全顾问的工作就是负责这个流程的运转。如果担任这个角色的人喜欢独断专行，或者对于很多人都认为应该慎重考虑的事情不假思索便贸然推进，那么这个流程是不太可能运转顺畅的。

在小布什任职期间，关于伊拉克拥有大规模杀伤性武器的判断，在某种程度上就是整个流程的失败，信息没有得到正确的筛选和汇总。在奥巴马任职期间，关于追捕本·拉登的决策是一场赌博，最终赌赢了，因为国家安全顾问托马斯·多尼隆（Thomas Donilon）老练地掌控着整个流程，并使总统充分知情，及时了解各方信息。

乐天、焦虑和嗨聊

优秀的管理者能敏锐地意识到信息汇总的好处，并且他们知道角色分工可以降低嗨聊的风险。在团队成员认为一切都进展顺利，甚至可能更好的时候，最容易嗨聊，因为什么也不用担心。我们认为，嗨聊是群体失败的一个普遍根源，我们也会多花点时间来解释为什么它的害处这么大。事实上，嗨聊就是本书要解决的主要问题。

与其他组织一样，政府内部只进行角色分工可能还不够。我们可以将领导者分为两种类型：乐天型和焦虑型。乐天型领导者轻松、乐观、知足。他们认为，事情完全在控制之下。与之相反，焦虑型领导满脑子想的都是会不会发生灾难。他们担心事情马上要出问题，也许还会失去控制。

乐天型的人精力充沛，有激情，有热情，乐观向上。他们相信自己的项目能够成功，而他们的热情也是有感染力的。例如，奥巴马政府的大多数官员都不属于乐天派，但有些人是。他们认为《平价医疗法案》可以实施，只有几处小瑕疵。只要民主党和共和党携手合作，政策就会像政府希望的那样发挥作用。

乐天派往往非常讨人喜欢。他们看起来都是完美的团队成员，能够取得了不起的成就。其中有些人富有远见。他们不惹是生非，不破坏现状。他们活力四射，满脸笑容。他们有很多想法，其中很多都非常优秀。他们往往过得很幸福，也喜欢嗨聊。人们很容易雇用和提拔他们。我们不会拿任何具体人来举例，但每一届总统的行政班子里都不缺乐天随和的人，像其他许多工作单位一样。

相比之下，焦虑型的人可能也乐观、大方，甚至充满热情和笑容，但他们同时更受到担心、怀疑乃至猜忌的困扰。他们也相信自己的项目能够成功，希望这些项目取得成效，但在焦虑的人眼里，到处都是障碍、缺点和挑战。与奥巴马政府里的乐天派一起共事，焦虑的人有时会显得多疑过虑、死磕一点、态度消极，偶尔表现得苛刻严厉。他们会一直问一些试探性的问题，而问题的路数总是一样的："怎么会错呢？你有没有想到这一点啊？你为什么不制定对策？"

我们举两人为例。一位是南茜－安·德帕尔（Nancy-Ann DeParle）。她从 2010—2012 年担任主管政策的白宫办公厅副主任，是"焦虑党"的模范代表人物。德帕尔已经积累了丰富的政府部门工作经验。她敏锐而清楚地意识到，越能干，越聪明，越热情的人，越容易犯大错误，特别是当这些人考虑不周全，不做最坏打算的时候。虽然她做事非常公平，而且可能是全世界最大的好人之一，但她可不是一个老好人。对她来说，看着对方的眼睛，质疑他们的计划，或者干脆对他们说"不"，这些事做起来一点问题也没有，部分原因可能是她跟乐天派真的一点儿也不沾边。

这儿有一个小故事。在桑斯坦掌管 OIRA 那段时间，有一天深夜德帕尔给他发了一封略显焦虑的电子邮件，问"法规进展得怎么样了"。桑斯坦搞不清楚她说的是什么法规，于是答复说："我不知道你想说的是哪项法规，但大部分法规的进展都相当不错，所以很可能你说的那项也很好。"德帕尔简单地回复说："拥抱一下。"

桑斯坦有点小惊讶，但也很感动，因为尽管德帕尔温婉大方，但她也不是随便跟谁都拥抱的主儿。桑斯坦回答道："这是本年度最暖心的电子邮件。"没想到德帕尔马上回复，解释说她本来写的是 ghg，代表温室气体（greenhouse gas），结果她的手机自动更正为 hug（拥抱一下）。

德帕尔不是一个爱拥抱的人。她不喜欢嗨聊。她可以使自己身边的每一个人，不管是她的上级还是下级都变得更加聪明智慧，尽管有时也会让人感觉有点不舒服。历史不会重演，但有一种说法认为，假如当年她继续在奥巴马政府任职，2013 年美国医保网站 HealthCare.gov 在上线时就不会惹出一堆麻烦事儿，项目执行会更好，网站可能早就投入使用了。无论是否如此，焦虑都会让思想更集中，而焦虑型领导者更是能够让大家的思想都集中起来。焦虑，与大多数情绪一样，是会传染的。这是一条重要的经验教训，管理者要牢记于心。

在奥巴马总统的首个任期，杰夫 · 赞茨（Jeff Zients）担任行政管理和预算局副局长，后来升任代局长。他是一个乐观有趣的人，永远一副和蔼可亲的样子，很少皱眉。每个人都喜欢赞茨，但他完全有能力制造建设性焦虑，特别是当面对紧要关头的时候。在私营部门工作时，他被称为超级明星经理。2013 年，HealthCare.gov 刚刚推出之际，面对一片混乱，奥巴马总统采取了一项非常明智的举措，请赞茨来解决这个问题，而赞茨完成了这项任务。于是，总统又明智地要求赞茨回到白宫担任国家经济委员会主任。

好的管理者必须是焦虑的，即使他们必须激励同事和下属的忠诚与热情。赞茨拥有一项非凡的能力，能够将焦虑型的领导风格、和善可亲的脾气秉性以及面对复杂局面游刃有余的工作能力结合在一起。他的一些同事把他称为“四分卫”，不仅是因为他的臂力确实超强，也因为他展现出了非凡的领导能力——通过自己的真知灼见和卓越绩效，而不是嗨聊。

像德帕尔和赞茨这样的焦虑型人士在企业和政府中都是不可或缺的，因为他们能够直击并避免群体思维的风险。他们的作用有点像“魔鬼代言人”（参见第6章的讨论），但他们做得更好，因为大家都知道，他们是冲着工作去的，不是在搞什么权术斗争。他们想什么，就会照直说出来。更妙的是，他们害怕什么，也会照直说出来。当然，他们的表达风格极不寻常，他们会不断地问：“哪里会出问题？”

最终表现出色的团队，往往是因为它们拥有焦虑型领导，也因此能够更好地四处搜集和汇总信息，并确保整个团队知道每个成员知道的每一件事。同时，团队的学习能力也很强，因为焦虑发挥了巨大的激励作用。团队需要一点焦虑，甚至可能是大量的焦虑。团队需要一种文化，能够确保找到需要知道的信息。

现实主义、乐观主义以及通往“智慧团队”之路

好消息是，如果讨论组织得当，而且如果团队采用了恰当的规范和实践，就能取得成效。坏消息是，在现实世界，讨论往往

把人们带到错误的方向上。许多团队无法纠正群体成员的错误。不仅如此，团队经常还会放大这些错误。如果团队成员抱有不切实际的乐观态度，那么整个团队的不切实际会更严重。如果公司内部成员几乎一点儿也不关心长远发展，那么整家公司会患上极其严重的短视症。没有证据表明那些被行为科学家揭示的判断错误最终能够通过团队讨论而得到纠正。

公司、政府以及宗教组织犯下的许多严重的失误，全都直接源自于我们将在本书中予以剖析的各种问题。企业推出的产品无人问津，往往是因为对新产品抱有怀疑态度的人想让自己在团队中更加合群而选择缄口不言。官员们提出的环保法规太无力、太苛刻或者根本就是搞错了方向，则往往是团队讨论失败的结果。

正如我们将要看到的那样，智慧团队及其管理者会充分警惕“不求有功，但求无过”的次优团体决策风险，并采取切实措施消除这些风险。互联网的兴起为采取这些措施提供了前所未有的机会。团队可以将其成员拥有的信息汇集在一起，还可以通过自己的力量广开言路，让分散在数百人、数千人乃至数百万人之间的知识为我所用。

在实证研究的基础上，我们制订了一些切实可行的解决方案，可以帮团队变得更加高效。其中一些解决方案非常简单，对于管理者来说，这些措施需要领导力、决心、同理心以及一点儿创造力。其他解决方案则要求使用现代科技，可能需要在时间和资源上进行一些投资。有些解决方案一夜之间就能落实，有些方案则需要进行预先规划。不同的方案适用于不同群体。

本书反复强调，没有放之四海而皆准的真理。但如果团队及其领导者能够更加全面地了解和反思事情是如何搞砸的，那么就能把事情做好。

本书大纲

本书分为两部分。第一部分探讨了团队决策失败的根源。第1章为背景介绍，描述了为什么我们要对问题进行群体协商和讨论，希望达到什么目的，以及群体面临的诸多挑战。主要的观点是，群体为何无法获得重要信息，以及群体的领导和成员是如何让持异议者或不同观点的人沉默的。

第2章到第5章探讨了团队决策失败的四个原因。（1）有时个体错误会由于协商而被放大，而不仅仅是一传十十传百那么简单。（2）群体成为“流瀑效应”的受害者，因为抢先发言或行动的群体成员会让大家搞不清楚他们这些先行者到底掌握了哪些信息。（3）由于群体极化，协商型群体的成员在协商之后，往往会采取与其协商前倾向相一致却更加极端的立场。（4）在协商型群体中，共享信息经常占据主导地位或对非共享信息形成挤出效应，导致群体无法掌握其成员知晓的全部信息。

第二部分介绍如何让团队做出成功的决策。第6章介绍了八种降低失败风险的方法，其中大部分相当简单。每种方法都旨在应对我们在第一部分中介绍的四种失败原因。我们的重点是群体协商以及如何使群体协商更加有效。我们强调自缄型（self-silencing）领导者的重要性和角色分工的价值，无论这种分工是公开的，还是不公开的。

第 7 章详细解释了区分两个工作步骤的重要性，这两个工作步骤是不同的：（1）确定并罗列潜在解决方案；（2）确定首选解决方案。在确定并罗列潜在解决方案时，团队必须是灵活、富于想象力的，甚至要带一点鲁莽地开展工作。在选择一项可行的解决方案时，团队的团结协作和善于分析就变得更加重要，目的是把事情做成。许多团队之所以低效，就是因为它们把这两个步骤混为一谈，特别是在罗列潜在解决方案的时候，本来应该集思广益，结果却闭门造车。我们在第 7 章详细描述了两者的区别。

我们在第 8 章探讨了传说中的团队智慧。这其实并无太大意义，实际上就是把统计型群体（statistical groups）偶尔令人惊艳的表现拿来大加庆祝一番。所谓"统计型群体"，是指群体成员彼此根本不进行协商，而是相互独立地回答问题或解决问题。我们发现，所谓团队智慧来自一些简单的数学计算，但同样的方法也能解释为什么团队会低效。在某些情况下，统计型群体其实做得并不好，我们对这些情况进行了详细分析。对于群体来说，特别是在公司里，"团队永远充满智慧"是一种错误的假设。搞清楚团队为什么富于智慧，以及什么时候富于智慧，并在这种洞悉的基础之上改进群体协商，这更为有用。本章的核心观点是多元文化和表达异议的重要性。

在第 9 章，我们讨论了专家的作用。我们会告诉大家，追在专家后面跑往往是一个大错误。如果你想得到正确答案，最好咨询一群专家的意见，而不是只找一位看起来最棒的专家。

在第 10 章、第 11 章和第 12 章，我们探讨了一些更具创造性的，经常需要借助互联网来获得创意的方法。例如，私营部门和公共部门都在创造性地运用“竞技大赛”的方式来向海量人群征集创意。即使奖金较少，这种方法也可以发现具有开创意义的创新。第 10 章介绍了具体做法。

在第 11 章，我们转向预测市场（prediction markets）。在这个市场上，人们拿自己的钱进行各种冒险活动，比如，猜某种产品或某部电影是否会大卖，赌天气是否会变得更糟糕，以及领导者是否会失业。正如我们将看到的，预测市场具有惊人的准确性。第 12 章描述了团队如何在征求公众意见的过程中学到更多东西。

在第 13 章，我们遇到了神秘的“因素 C”。这是一个团队智力因素，体现了某些可以使团队表现更好的人格特质。首先是社会敏感性。智慧团队依靠激励和组织架构的有效结合，同样受益于某些人格特质，而这些人格特质可以在后天进行培养和发展。篮球界有史以来最优秀的运动员迈克尔·乔丹就是一位伟大的学习者，就因素 C 而言，他的表现非常好。团队可能没有像迈克尔·乔丹这样表现优秀的成员，但当它想方设法以各种形式促进学习时，就能更高效。

第一部分

为什么团队决策会失败

第 1 章

从寄予厚望到一败涂地

当管理者和其他领导者要对如何解决问题做出决策时，他们通常会组织人员针对问题进行充分讨论。但为什么针对问题进行充分讨论就一定会有帮助呢？协商为什么很重要，什么时候很重要，必须进行协商吗？

大部分人对这个问题的回答肯定是，如果人们协商，就会做出更加明智的判断，并得到更好的结果。但是协商真能达到这样的效果吗？这是一个至关重要的问题，也是一个实证性问题，不能凭直觉作答，也无法求诸逸事典故来证明。团队中的成员会通过相互施加压力，把谬误当成真理并达成共识。而一群心智相仿，容易出错而且有着类似倾向的人，会特别容易被这个问题影响。

如果一帮人都认为一项复杂的政府计划马上就会落实见效，或者某个新产品未经测试就能在市场上一炮打响，那么我们可能就碰上嗨聊的最坏情景了。

为了解释为什么群体会在协商时出错，我们研究了影响协商的两个因素。第一个涉及信息信号（informational signals），这种信号会让人们出于对他人公开宣布的信息的尊重而不去披露自己知道的情况。例如，在联邦政府中，人们可能会认为某位不与大家交流，但同时拥有自己的信息渠道的官员的见解一定是正确的，并因此而选择缄口不言。如果国防部长强烈坚持军事干预是一个好主意，那些为部长工作的下属可能就会闭嘴。这不是因为他们赞成进行军事干预，而是因为他们认为部长大人应该很清楚自己在做什么。

私营和公共部门的领导者看上去往往有光环加持，让他们显得不同凡响，敏锐而智慧。他们的笑话更搞笑，他们的点子更绝妙，他们的视野更开阔，他们的质疑更精到。桑斯坦敏锐地注意到政府里也存在这种现象，公务员们偶尔会坚持自己既不成熟，也没有得到充分信息支持的判断，好像自己真有多聪明似的。光环加持是一种有趣的体验，特别是当你本来就很自我的时候，但这个东西也是一个大麻烦。它会怂恿嗨聊，让群体更容易犯错。焦虑型员工提供了校正机会，他们会质疑领导者的决定是否正确。如果领导者自己也是焦虑派，虽然笑容满面、个性温和，但同时总有一个令人困扰的声音在他们的脑子里喃喃低语，不停地问：

“这儿我错过了什么？”他们就能让自己的团队取得更好的成绩。

第二个与社交压力有关，这些压力会让人们保持沉默，以求避免受到各种各样的惩罚。在许多时候，问题的核心不过是与别人意见不一致，但如果那些“别人”都是重量级人物，意见相左就可能带来严重的风险。在公司内部，人们往往寡言谨行，不会轻易吐露他们知道的事情，这不是因为他们知道的东西不重要，而是因为他们不想被别人看作傻瓜或与大家格格不入。如果领导者或群体中大部分人似乎已经形成定论，他们就更不愿意公开发声了。这事儿真值得让老板伤心或者闹心吗？

从老板的角度看，答案应该是值得，因为老板可能会了解一些新情况。但有些老板不这么看问题，所以许多员工知道，只要闭上嘴巴，就能万事大吉。在这种情况下，恰到好处的焦虑派会再一次显示出优势。焦虑型员工不会过多担心社交压力，焦虑型老板欢迎广开言路，集思广益。

在这两个因素的影响下，群体会被四个彼此独立的问题包围。

- 有时个体错误会由于协商而被放大，而不仅仅是一传十十传百那么简单。
- 群体成为“流瀑效应”的受害者，因为抢先发言或行动的群体成员会让大家搞不清楚他们这些先行者到底掌握了哪些信息。
- 由于群体极化，协商型群体的成员在协商之后，往往会采取与其协商前倾向相一致却更加极端的立场。

- 在协商型群体中，共享信息经常占据主导地位或对非共享信息形成挤出效应，导致群体无法掌握其成员知晓的全部信息。

由于这些问题，群体往往无法实现其纠正个体错误并汇总其成员实际掌握的信息的目标。一个自信、有凝聚力但易于出错的群体是不值得庆贺的。相反，这样的群体无论对人对己都可能是非常危险的。前景光明的创业企业可能会因此破产倒闭，政府机关可能会浪费纳税人的税款，新的联邦计划可能会失败。大型企业可能会在一条极其错误的路上越走越远，哪怕它很久之前就应该放弃这方面的努力。律师事务所可能会力推一个注定要失败的诉讼策略。群体做出糟糕的甚至自我毁灭的决定，通常都能在这四个问题中找到原因。

积极的前景

协商型群体在刚开始时都被寄予了厚望，这在全世界任何一个地方都是一样的。如果群体成员之间惺惺相惜、相互欣赏（大家态度友好，相互尊重，彼此能够互动），这样的群体似乎特别有希望。虽然我们会花费大量的时间来展示为什么对群体决策持乐观态度往往是错误的，但这种乐观偶尔也有正确的时候。协商型群体之所以能够运转良好，我们猜想有以下三个主要原因。

1. 整个群体向群体中水平最高的成员看齐。群体中可能会有一位或几位成员知道正确答案，而其他成员则愿意相信这个答案是正确的并因此接受它。如果群体都是倾听型成员，那么整个群体的表现就会达到最佳成员的表现水平。如果一部分成员由于无知或者某种形式的偏见而容易犯错，那么其他人应该指正。协商可以让群体中最聪明的成员做出的判断成为整个群体的共识，以此修正个体的错误，而不会任其蔓延。

想象一下，有 15 个人试图预测某种产品的命运，其中有一位既是专家又是超级预言家，那么其他群体成员也许很快就能发现他们中间有一位专家，然后就会追随这个人。这样就会形成一种"顿悟"式的结果，也就是说，正确答案一旦公布，大家就都会恍然大悟，不做他想了。举一个简单的例子，为什么井盖都是圆的？因为如果把井盖做成任何其他形状，角度一变就盖不严，人或动物会掉进井里，从而造成损失。

还有一些场合，需要使用更加聪明的方案来解决看似棘手的问题，而只要解决方案一公布，大家就立刻全明白了。对于这样的问题，如果知道答案的成员公布了解决方案，整个群体应该就会达成一致。例如，有人可能知道，新款平板电脑或手机存在致命（却难以发现）缺陷，或者网站还没有做好在黄金时间上线的准备，或者军事打击不太可能达到预期效果。

2. 整体是部分的总和：汇总信息。正如亚里士多德所说，协商可以帮助人们共享现有的信息，让群体作为一个整体了解比任何个体成员知道的都要多的信息。假设一个群体在问题的每个方面都没有真正的专家，但每个成员都掌握着零散却有用的信息，这个群体就可能成为一个专家团队，即使把每个成员单独拎出来都难掌大局。运作良好的公司通常会创建跨职能团队，以便用这种方式汇总信息。如果大家一起工作，注重相互倾听，整个组织就能够汇总信息，对形势进行全面掌控，例如，大家会认识到旨在减少发电厂空气污染的拟议规则会有哪些影响。

或者，假设一个群体中包含一些专家，但每位成员都对如何解决某个特定问题感到困惑。这时，协商可能会启发大家提供相关信息，并让群体做出明智的判断。在这个过程中，整体等于部分的总和，把每个部分加总就是要达成的目标。哪个成员都不能掌握所有的部分。

当群体在玩填字游戏时，每个成员都会贡献自己所知道的知识。许多问题的解决都与填字游戏类似，小群体做得比个人更好，大群体做得比小群体更好，就是因为每个人都知道一些别人不知道的东西，同时共享和组合分散的信息也不是什么难事。正如我们看到的那样，社交媒体和预测市场之所以做得好，往往也是这个原因。

3. 整体超越部分的总和：协同（synergy）。通过群体讨论，可以交换意见，对信息和观点进行筛选，从而使群体找到创新性的问题解决方案。在这种情况下，协商成为一种强有力的信息汇总方式，通过这种方式交换意见，就可以找到一个创造性的答案或解决方案。如果一个团队正在寻求改进汽车、网球拍、平板电脑或手机的设计，或者谋划如何对国家安全威胁做出正确反应，交流想法就可以产生创造性的解决方案，而且远远超出在开始交谈之前对群体成员所思所想的简单加总。如果人们试图一起写个剧本或者制定合理的政策来应对儿童肥胖问题，情况也一样。事实上，群体可以成为高度创新的组织，特别是在重视培养发散思维和欢迎少数派意见的时候。

信心和统一

那么，这三种机制在实践中会发挥多少作用呢？有两点是完全清楚的。

首先，群体成员在相互交谈之后往往对自己的判断更加自信。[8] 群体内部的互动带来的一个主要结果就是更加强烈地感觉协商后得出的结论是正确的，无论实际上这个结论是否正确。一个原因是，其他人的佐证增强了人们对自己判断的信心。[9] 如果你的同事或朋友告诉你你是对的，你可能会更加认为自己是对的，哪怕你自己其实很困惑（而且实际上是错的）。

有信心肯定是件好事，但正如我们将要看到的那样，如果人们最终以信心十足地犯错来收场，那么有信心可就不太妙了。群体协商的一个巨大风险是，它会同时导致信心爆棚和严重失误。领导者特别容易因此陷入困境。而群体成员往往容易取悦自己的领导，因此他们不会告诉其他人需要知道什么。

其次，协商通常会减少分歧。经过相互交谈，群体成员倾向于达成共识，形成一致意见。而在协商之前，群体成员往往分歧较大，这也正是协商比较重要乃至必要的一个原因。经过协商，他们往往就能达成一致（特别是当群体成员之间关系比较紧密，互动比较频繁的时候。当然并不是说，只有在这种情况下，才能达成一致）。结果，协商型群体的成员就会在大家都特别有信心的某个立场上达成共识。我们后面会在科罗拉多州的一些例子中看到这种现象，这个州通过讨论，使自由主义者和保守主义者最终就主要政治问题达成一致，但在讨论后两拨人之间的鸿沟更大了。

以某一特定立场达成共识当然不错，但前提是这个立场得是正确的。如果不是，那么群体成员就会尴尬地发现大家共同坚定认同的观点最终被证明是错误的。我们大多数人对于群体充满信心、团结一致去犯错的情况恐怕都不陌生。布什政府对萨达姆政府拥有大规模杀伤性武器的执念就是明证。另一个例子则是奥巴马政府带着毫无根据的满满信心推出 HealthCare.gov 网站，结果一上线就惹了一大堆麻烦。

实事求是和少数服从多数

遗憾的是，没有充分的证据表明，协商型群体能够一直成功地汇总成员拥有的信息。事实上，人们非常在意其他群体成员说什么和做什么，并不以追求真理为最终目的。他们经常罔顾自己的信仰，转而说他们相信别人的信念。在这儿要明确地警告各位，能够造成这种潜在影响的不仅是群体协商，社交媒体也可以，也会导致人们接受谎言。[10]

就拿近期研究的一个例子来说吧。假设向人们发布以下声明："燕麦含有可溶性纤维，可以减少你的低密度脂蛋白（LDL），也就是那种'坏'胆固醇。"（确实如此，这种说法是真的。）然后要求大家对此进行对错判断，同时告诉他们"和你一样的大多数其他人"的打分结果（1—6 分，从"绝对错误"到"绝对正确"），人们就都会受到群体意见的严重影响。如果人们通过独立思考认为群体是正确的，然后倾向于附和群体，那么当然没什么好奇怪的。如果他们认为答案不清楚，有争议，因而倾向于随大溜，那么也没什么好惊讶的。

令人惊讶的是，如果答案是错的，即使人们有自己的证据证明它是错的，也会倾向于与群体保持一致。研究者总结说，人们的答案接近于支持这样一种假设："人总是遵从集体的可信性评分，即使他们对于声明的真假已经有了肯定的判断。"[11] 这对有些管理者来说是一个重要的警告，他们可能会发现下属同意某些做法，不是因为他们有理由认为这是正确的，而是因为他们认为大多数人认为这是正确的。

一项经典研究表明，即使是一部分人知道正确答案的事实类问题，少数服从多数的压力也是很大的。[12] 这项研究将 1200 人分成许多小组，每个小组有 4—6 名成员。每个人都要回答有关艺术、诗歌、舆情、地理、经济和政治方面的是非判断问题。然后，他们按要求组成小组，讨论问题和所得到的答案。多数人的观点在确定每个小组的答案中发挥了主导作用，人们倾向于与多数人的想法保持一致。

实事求是也有影响，但是影响要小一些。如果小组中给出正确答案的个体占到半数以上，则有 79% 的小组在决定答案时会向多数人倾斜。如果小组半数以上的个体给出了错误答案，仍然会有 56% 的小组在决定答案时向多数人倾斜。

实事求是确实有影响（79% 毕竟高于 56%），但多数人的判断仍然占据了支配地位。而且由于多数人即使在判断失误的时候仍然拥有较大的影响力，平均群体决策的正确率只比平均个人决策的正确率略高一点（66% 对 62%）。最重要的是，在群体能够对成员所拥有的信息进行恰当汇总的情况下，群体本来应该可以表现得更好一些，但实际上群体的表现并没好到那种程度。

其他研究发现，对于有确定答案的问题，协商型群体的表现倾向于与成员平均水平相当或略高一点，但不如群体中最好成员的表现。[13] 因此，群体成员通常没有求助于内部专家。实事求是往往行不通，即使群体中的某个人知道什么是对的。

当然，如果一定要求群体实事求是，追求真理，也不是不可能。这取决于两个条件：（1）实事求是的做法从一开始就能得到群体内部至少一部分人的初步支持；（2）问题有明显正确的答案。[14]

不过，第二个条件几乎是可遇而不可求的。在企业和政府中，许多群体不得不进行预判：新员工能否表现良好？谁应该得到晋升？产品会不会大卖？环境监管能否拯救大量的生命？可是这些问题没有明显正确的答案。如果群体的表现胜过大多数个体成员，往往是因为问题有一个具体答案，而且这个答案可以被证明是正确的，能够让大家或者大多数人满意。但是这种情况并不常见，而且即使是在这种情况下，如果明显正确的解决方案从一开始就缺乏很多支持，那么这个群体可能也不会做得很好。

有一个好方法可以预测群体的判断，那就是问："在人们开始谈话之前，大多数人是怎么想的？"对于那些相信群体判断的乐观主义者来说，这是不幸的。更具体地说，洞悉群体成员在开始谈话之前表现出来的核心倾向性，就能够相当精准地预测群体作为一个整体如何得出最终结论。结果就是，如果大多数人是错误的，群体通常也是错误的。即使群体是由专家组成的，结果也一样。

实际上，群体讨论最终可能还不如直截了当地激发人们的独立观点有效。用沃顿商学院预测专家斯科特·阿姆斯特朗（Scott Armstrong）的话来说，与"传统的群体会议"相比，"结合了独立预测的结构性方法总是更加准确"，因为前者"不能有效利用信息"。[15] 这话说得可是够狠的，但也是大实话。下面就让我们来谈谈这个观点。

统计型群体和协商型群体

大量证据表明，在某些条件下，回答事实类问题有一个比较有把握的方法，那就是让大家都来回答这个问题，然后取平均答案。正如詹姆斯·索罗维基（James Surowiecki）在他那本引人入胜、让人眼界大开的专著《群众的智慧》（*The Wisdom of Crowds*）中强调的那样，如果准确度是通过参考客观事实来衡量的，那么平均答案通常是准确的，我们也可以将平均答案称为统计型群体的答案。[16]

许多关于统计型群体的研究都要进行定量估计，而这些研究似乎表现出某种魔力，也许可以让那些希望自己的本职工作也能有奇迹发生的企业和政府借用一下。下面是几个例子。

- 在一项早期研究中，哈泽尔·奈特（Hazel Knight）要求大学生估计教室的温度。[17]每个学生的判断从60华氏度①到85华氏度不等，而整个小组的统计判断为72.4华氏度，非常接近实际温度72华氏度。这个估计值优于80%的个人判断。
- 当人们判断一个罐子里装了多少粒豆子时，群体平均值几乎总是优于绝大多数个体成员的判断。某次实验要求56个学生估算罐子里的豆子数量，实际装了850粒豆子，群体的估

① 1华氏度≈–17摄氏度。

计值是871粒，比绝大多数学生的估计值都准，只有一个学生例外。[18]

- 英国科学家弗朗西斯·高尔顿（Francis Galton）曾经研究过英格兰某个地区博览会的肉牛体重竞猜比赛，试图从中总结一些关于群体智慧的经验。肉牛重1198磅①，而来自787位参赛者的平均估计值为1197磅，比任何个人的猜测都更准确。[19]

面对这些发现，许多群体可能会想，那就别搞协商回答问题了吧，直接征求大家的意见，选择平均值得了。设想一家大公司正在试图预测下一年度某些产品的销售额，也许公司需要一个准确的预测，以便了解人工和产品促销需要花多少钱。让销售人员投票，取平均值，难道就是最好的办法？按照阿姆斯特朗的建议，这往往就是最好的办法。[20] 那么公司如何决定是否雇用一名新员工呢？难道也应该不依赖协商，而是取决于相关人员的平均看法吗？

我们会在本书的第二部分回答这些问题，并推荐一些方法，可以对简单算术平均进行改进（比如预测市场和德尔菲法）。在这儿我们只说一句，统计型群体通常比协商型群体做得更好，因为前者掌握了其成员知晓的所有信息。

① 1磅≈0.45千克。

自缄的两大原因

为什么面对别人的观点可能导致人们不愿意把他们知道的情况讲出来或者根据其采取行动？有两方面的原因。

信息信号

人们会保持沉默的第一个原因涉及别人的所言所行传达的信息。假设你所在的群体中，大多数人都相信某一命题是正确的。在这种情况下，你就有理由相信命题确实是正确的，而且这个理由也许很强势，让你无法出于纯个人原因认为命题是错误的。显然，如果群体大多数成员不同意你的观点，你可能就会忽视自己掌握的信息。来自群体的信息信号非常强大，足以压制你的个人信号。

当群体成员遭到孤立或成为少数派时，他们就会缄默不语，部分原因也在于此。他们可能只是简单地附和别人发出的信息信号。例如，一家律师事务所的大多数成员可能对他们会在法庭上取得成功相当乐观（我们注意到，人类有一种普遍的不切现实的乐观主义倾向），他们的乐观态度可能会导致律师事务所内部持不同观点的人选择自缄其口，认为自己的判断一定是不太了解情况的结果，或者根本就是错误的。问题是，如果他们不说话，群体可能会忽视重要的信息。根据具体情况，后果可能很严重甚至是灾难性的。

一个著名而且很能说明问题的例子就是美国入侵古巴的猪湾事件。这次入侵旨在推翻以菲德尔·卡斯特罗为首的古巴革命政府，却因为肯尼迪总统的顾问们“不顾不问”而惨遭失败，这些人甚至到了当他们有理由相信这次行动不会成功的时候依然选择沉默。在这个事件中，两艘美国补给船被古巴战机击沉，两艘船逃脱，另有四艘没有及时到港。由 20000 名训练有素的士兵组成的古巴军队击毙了部分入侵者，残余的 1200 名美国士兵大部分被俘虏。美国最后还是让古巴释放了俘虏，却要向古巴提供 5300 万美元的外援，还要面对国际社会的反对以及古巴与苏联之间更加紧密的关系。

失败后不久，肯尼迪总统问：“我怎能如此愚蠢，让他们为所欲为呢？”[21] 肯尼迪的顾问团队是一个经验丰富、才华横溢的群体，但尽管他们有经验、有才干，却没有一个人反对入侵古巴或提出替代方案。肯尼迪的一些顾问私下确实心怀疑虑，但他们“连表达不同意见的姿态都没做一下，部分原因是害怕被贴上‘软弱’的标签，或是不愿意让自己在同事的眼中显得没勇气”。[22]

未能提出质疑的结果是致命的。小阿瑟·施莱辛格（Arthur Schlesinger Jr.）参加了这些会议，根据他的回忆，肯尼迪的“高级官员……一致同意干下去……如果有一位高级顾问反对这次冒险，我相信肯尼迪就会取消它，但没有人发声反对”。[23] 施莱辛格也压制住自己的冲动，没有反对：“在猪湾事件后的几个月里，我因为在这些关键的讨论中一直保持沉默而深深地责备自己……我只能说，除了在报告里哆哆嗦嗦地提了几个问题，别的我什么都没做。原因就是，虽然我有制止这次胡搞的冲动，但完全被讨论的环境遏制了。”[24]

正如猪湾事件的例子所示，信息信号的强度取决于有多少人在发出这种信号，以及信号本身如何受人尊敬、令人畏惧或者力量有多强大。如果群体中有一人或多人是众所周知的权威人士，或者通过其他方式赢得了许多人的尊重，那么其他群体成员可能就会出于对这种公认或真正的权威的尊重和服从而选择自缄。更何况谁也不喜欢成为群体中唯一唱反调的异见人士。如果一个协商型群体中除了一人之外的所有人都说某个命题是正确的，那么剩下的那个成员可能也会愉快地同意它是正确的，甚至能够到连自己的证据都可以弃之不顾的地步。

心理学家所罗门·阿希（Solomon Asch）通过他的著名实验明确证实了这一点。这些实验是判断在卡片上画出的直线长度，而他发现群体的大多数成员总会有那么一次屈从于整个群体明显错误的判断，至少是在群体成员以其他方式达成一致的时候。[25]换句话说，人们为了与每一个人保持一致，是准备忽视自己的证据的。如果人们连自己对简单直线的清晰视觉认知都可以置若罔闻，反而愿意屈从于他人的意见，那么在处理企业和政府面对的困难与复杂问题时，他们肯定也会屈从于他人的意见。

在这种情况下，群体也有忽视必要信息的风险。所以，必须找到一个方法，能够让人诚实地回答这个问题：“你看到了什么？”

社交压力

自缄的第二个原因与公开表达不同意见的后果有关。人们之所以保持沉默，也许并不是因为他们认为自己肯定错了（如在信息压力的情况下），而是希望避免面临各种社交惩罚的风险。事实上，社交影响无疑促成了肯尼迪政府的自缄。即使在坚定致力于维护自由和诚实的社会与组织中，违背群体内部主流立场的人也会面临某种形式的抵触，并会导致他们今后不会再像以前那样得到信任、欢迎和尊重。

在这方面，领导者有巨大的影响力。如果你的老板认为某个命题是真的，你就不会想说它是假的。企业和政府都不可避免地建立了等级制度，那些处于高层的人倾向于让下属点头附和。上面会发出“顺我者昌，逆我者亡”的信号，还有“给我惹事儿，后果自负”这类同样具有危害性的信号，甚至会用肢体语言表示“我很忙，别来烦我”。结果，即使你的老板没有说出自己的想法，你也不会想要公开表达与大多数同事相反的意见。

我们大多数人都在实际工作和生活中碰到过这类现象。如果担任领导者的某些群体成员愿意并能够施加社交惩罚，那么其他群体成员是不太可能公开反对的（顺便说一下，这正是聪明的领导人经常听完所有人发言之后才说话的一个原因。桑斯坦可以证明，即使是总统，也倾向于让别人先说）。同样，规模庞大的多数派施加的社交压力，比小规模的多数派施加的更大。

框架：公开表达意见的收益和成本

我们可以把这些要点放在一个更大的框架里考量。假设群体成员正在考虑一些问题，比如，如果群体继续沿着现行路线前进，两个月后会发生什么情况。再假设每个成员都有一些与这个问题的答案有关的信息，大家愿意分享他们知道的信息吗？

对于群体的每个成员来说，愿不愿意分享自己掌握的信息，可能取决于每一个个体分享信息的收益和成本。当然，在某些情况下，向群体分享信息的人最终会得到很多好处。他们可以赢得尊重、崇拜和地位，可能会得到晋升。聪明的群体和这些群体的领导会让人们知道，当成员协助做出更好的决策时，群体就会得到回报。当群体遵循这种做法时，就会增加分享信息的个人收益以便改变个体的得失权衡。

但是许多群体并不聪明。在某些群体中，分享信息的人最终得到的收益比群体收益要少得多。如果你掌握的信息属于逆耳之言甚至会产生颠覆性的作用，你把它说出来，你的同事可能就会把你当成笑话看，或者开始对你敬而远之。从这个意义上说，群体讨论的参与者面临一种社交两难（social dilemma），每个人出于自己的利益，不会与群体成员分享信息。如果成功之后，每个成员获得的收益只占群体收益的一小部分，就会出现这种情况。

许多机构，包括公司董事会、宗教组织和政府机构都会面临这种窘境。在很多时候，体制，而不是个人，才是一个好决策的大赢家。试想某位年轻的律师准备告诉其所在律师事务所的资深成员，他们目前的诉讼策略走偏了。很可能，这位年轻律师就要冒丢掉律师事务所职位的风险，而潜在的赢家——律师事务所本身——也不会愿意奖励这位心怀不满的年轻人，至少在短期内不会。

在这里，利他主义和社会规范可以发挥作用。例如，在政府中，人们最终可能还是会提出他们的疑问，提供支持这些疑问的信息，即使他们不会从中获得任何好处。为什么？因为他们是爱国者，想做好自己的工作。

在政府中，行政管理和预算局里的许多公务员并不热衷于政治，他们更关心公共利益，愿意告诉政治领导人（包括桑斯坦），他们是错的。凯文 · 尼兰德（Kevin Neyland）就是一个例子。他长期担任 OIRA 副主任，政治立场一贯中立，正直品性无可挑剔，而且拥有一颗善良而勇敢的心，敢于直言。因为尼兰德经常从最坏的情况考虑问题，桑斯坦给他起了个外号叫“屹耳”，也就是《小熊维尼》里那头阴郁悲观的长耳朵小毛驴。对于政治领导人来说，凯文 · 尼兰德这类人是不可或缺的，即使他们并不总是很有趣。

结果就是，如果人们在责任或性格的驱使下，遵循一种有时需要自我牺牲却对群体有益的规范（“告诉群体你知道的事”），个人得不到任何好处也许并不是一个可怕的问题。但在许多群体中，完全依赖利他主义则是危险的，而普遍奉行的群体规范并不总是有利于表达你的怀疑。

倘若其他群体成员也发声表态，声称潜在持异议者掌握的信息可能是错误的或无益的，情况恐怕就会变得更麻烦。如果真是这样，公开表达意见带来的个人收益就会更少。在这种情况下，潜在持异议者就有充分的理由相信，提意见只是一种浪费，不会改善群体的决策。倘若那些表态反对共识的人将遭受某种声誉上的伤害（或更严重），情况就更糟了。如果他们会因此失信于自己的同事或老板，那么选择缄口不言显然更明智。

在这种情况下，个人得失的计算结果很简单：沉默是金。通过更全面地了解得失计算，我们现在可以明白为什么群体成员会经常与共识保持一致。在合理的假设下，公开表达不同意见不会令他们受益，甚至还有可能受到伤害。更何况他们的意见有可能是错的。

在迄今为止的所有讨论中，我们都假设群体成员掌握确凿的事实，意见也很笃定，问题只是他们是否应该保持沉默。这是一个简化了的假设，有助于我们讨论这个问题。然而有时候群体成员确实对自己的想法不太肯定。在这种情况下，问题就变成了他们是否应该走出去学习一下，也许可以做一点研究，询问他人的意见，包括群体之外其他人的意见。

如果其他群体成员对于自认为正确的观点看起来很笃定，你可能会想，试图学习新东西还有什么意义？这不是浪费吗？如果其他群体成员不想听到其他观点，并且可能会惩罚敢于挑战他们的人，那么你可能更会问上面的问题。我们将着重阐述群体应该如何了解并掌握其成员所知道的信息。我们还将讨论研究群体应该如何鼓励其成员学习，并将学习成果转化为整个群体的财富。在第二部分，我们将深入探讨一些比较大胆且刺激的方式，可以让群体成员做到这一点。

自我屏蔽

假设你的最终结论直指某个方向，同时你得到信息，表明你的结论可能不对。经过权衡，你已经得出某个结论，但你掌握的信息中，既有对这个结论有利的，也有不利的。你会怎么做？你会把自己知道的一切都告诉给团队成员吗？还是只分享支持你的结论的那些信息？

证据表明，在这种情况下，人们会有强烈的自我屏蔽倾向。当人们掌握了与自己的结论相悖的信息时，他们往往不会与他人分享这些信息。某项研究调查了 500 多次模拟陪审团的案情协商，几乎从来没有观察到陪审员提供的信息与其当时倾向的裁决相矛盾的情况。[26] 这种形式的自我屏蔽本身就是一个很严重的问题，因为它会剥夺群体对关键信息的知情权。群体及其领导者不仅需要了解人们的结论，还需要知道得出这些结论的各种因素。

这种自我屏蔽会成为某种刻意的说服策略的一部分：提供与你自己的结论相矛盾的信息可能不符合你的利益。你干吗非要向对方提供弹药呢？但是，即使当公开表达意见的人完全出于最大的善意时，也会产生同样的结果。群体成员没有很强的动机来分享他们自己在得出结论的过程中就已经打了折扣的信息。他们不愿意分享这些信息，不是出于什么实用主义的算计或策略性因素，而是出于一种感觉，即分享这些他们自认为虚假、误导或无效的信息，本身就是一种适得其反的做法。从某种程度上讲，那个结论是相当合理的。但是在这里，群体再一次忽视了群体成员的信息，甚至可能是非常重要的信息。

少数派和低地位

信息信号和社交压力都有助于解释为什么在一个协商型群体中，处于少数派地位的人经常保持沉默，或者人微言轻到了不成比例的地步。另外，我们还有一个更特别的发现：社会地位较低的群体成员（受教育程度较低的人、非裔美国人，偶尔也包括女性在内）在协商型群体中的影响较小，不及那些地位较高的同伴。[27]

信息信号和社交压力更易影响社会地位较低的成员。后果当然还是不幸的，群体作为一个整体丧失了对信息的掌控，导致协商型群体的表现更糟糕，除非能够汇总群体成员拥有的信息。

现在让我们来聊聊群体失败的四大根源。

第 2 章

无法纠正错误，反而放大错误

没人因为能够证明人类会犯错误而获得诺贝尔奖。然而我们还是注意到，近几十年来，行为科学家已经做了很多工作，试图弄清楚人们如何犯错以及何时犯错。事实上，诺贝尔经济学奖至少有六次授予了与行为经济学相关的科学家。获奖者包括 2000 年的丹尼尔 · 麦克法登（Daniel McFadden）、2001 年的乔治 · 阿克尔洛夫（George Akerlof）、2002 年的丹尼尔 · 卡尼曼、2005 年的托马斯 · 谢林（Thomas Schelling）、2013 年的罗伯特 · 席勒（Robert Shiller）和 2017 年的理查德 · 塞勒（Richard Thaler）。

关于无用输入的简要介绍

在准确定位人类犯错的原因和时机方面，研究工作确实取得了一些进展。可以说，导致人们犯错的机制现在已经明确了。我们知道，启发诱导（heuristics）或者心理捷径（mental shortcuts）让人们犯下可预测的错误。人们还会受一些可以识别的偏差影响，系统性错误由此产生。[28] 正如我们所指出的，启发性偏差与被称为系统 1 的认知运思（cognitive operations）有关——依靠直觉做出本能反应的系统，速度快，不需要费太大的劲儿。我们的主要兴趣在于群体行为，所以在简要介绍的过程中，我们会把重心放在启发性偏差上，因为它与群体所作所为最具相关性，尤其是商业和政府领域的群体。

前车之鉴

人类之所以犯错，是因为他们使用可得性启发（availability heuristic）来回答有关概率的难题。发生恐怖袭击、飓风、交通堵塞、核电厂事故、性传播疾病的可能性有多大？某个产品或某项改革取得成功的可能性有多大？一部新电影或一档新电视节目有多大可能遭遇惨败或吸引大量观众？

当人们运用可得性启发时，他们诉诸容易想起来的例子来回答概率问题。人们往往会说，在一张随机打印的页面上，以“ing”结尾的单词要比倒数第二个字母是“n”的单词多。这明显是一个不正确的判断，而做出这样的判断只是因为以“ing”结尾的单词很容易被人们想起。[29] 通过这些发现，我们可以了解个人和公众对风险的反应。例如，犯罪、地震和其他灾害的危险特别容易引起人们的注意，因为这方面的例子很容易就能回忆起来。

在企业和政府中，人们经常会对昨天的惨败（或成功）做出反应。如果某个特定的策略或方法被证明是一场灾难，就会给人留下特别深刻的印象，今天的决策往往会根据这场灾难做出。没有哪位政治家想要对“另一个越南”负责，或者成为“另一个内维尔·张伯伦”①。外交政策有时就是参考前车之鉴来制定的——虽然它不是全世界最糟糕的方法，但也是一个相当不靠谱的方法。如果一家公司在某个近期遭遇滑铁卢的项目上浪费了大量资金，那么它很可能就会尝试避免另一个哪怕只是看起来与惨败项目有一点点相似的新计划，即使新计划确实有许多可取之处。可得性启发会把人们引到错误的方向上，比细致的统计分析差太远了。

这种启发诱导也是造成种族、性别、年龄和残疾等方面的歧视的部分原因。如果人们很容易就能想起女性雇员辞职照顾家庭之类的事儿，就更可能产生性别歧视。每当公司做出与就业相关的决策时，可得性启发就会让人们犯错。好的决策有赖于全面的

① 亚瑟·内维尔·张伯伦（Arthur Neville Chamberlain，1869 年 3 月 18 日—1940 年 11 月 9 日），英国政治家，1937—1940 年任英国首相。他因为在第二次世界大战前夕对纳粹德国实行绥靖政策，助长法西斯侵略，加快第二次世界大战爆发而备受谴责。——译者注

绩效记录，而不是泛泛的印象，更无关考察对象是否让人联想起某个失败或成功的人。事实上，迈克尔·刘易斯（Michael Lewis）的畅销书《点球成金》（*Moneyball*）就是有关这个问题的绝佳案例研究。他告诉我们，在评估棒球球员的能力时，统计分析要比个人印象靠谱得多，而且这一发现适用于对各种人才的评估。

可得性启发的结果，就是对一个事例的熟悉程度会影响事例的可得性。但是，突出程度（salience）也很重要。对观众来说，电视上播放的恐怖袭击真实而生动，突出程度非常高，其冲击力大于纸媒的相关报道。[30] 这一点有助于解释很多人类行为。例如，人们是否会购买自然灾害保险，特别容易受到近期经验感受的影响。[31] 地震之后，人们会突然对购买地震险产生极大的兴趣，但随着鲜活的记忆逐渐消退，人们对于保险的热衷程度也会从地震后的高峰稳步下降。

虽然说运用可得性启发还远远到不了非理性的地步，但它也确实容易带来严重的错误。在洪水或飓风之后，人们会采取重大举措来防范洪水或飓风，这一点是可以预见的。但是，在任何低概率灾难爆发之前，人们所采取的预防措施十分不足或根本没有，也是很有可能的事。对公司来说，运用可得性启发也很容易犯下严重的错误，至少在它们过于强调从刚刚发生或者容易回忆起来的事件中总结经验教训的时候。

刘易斯在《点球成金》一书中着重讲述了奥克兰运动家队总经理比利·比恩（Billy Beane）的成功故事，指出棒球运动重要的一点，不是依赖直觉、情绪、传闻逸事甚至经验，而是细致的统计分析。《点球成金》提供的思路被应用于包括政府在内的许多领域。决策者们在运用自己的“点球成金术”时，比运用可得性启发更好。我们完全可以把“点球成金”看作一种策略，用来加强系统 2，防止系统 1 出现错误。

以貌取人

大多数人也会受到代表性启发（representativeness heuristic）影响，即我们关于概率的判断受到外在或内在相似性评估（从物理角度或其他方面衡量，A 在多大程度上看起来像 B）影响。[32] 你也许会觉得一名有潜力的求职者“看起来像”一个好的首席执行官，这个想法可能会极大地影响你的判断。再比如，一些经验丰富的棒球球探倾向于把重点放在某位“明日之星”是否看起来像一名球员。比利·比恩喜欢用一句话回应：“我们不是在这里卖牛仔裤。”他拒绝运用代表性启发，主张把研究重心放在球员的统计数据上，而不能放在比赛录像上。

人们对某个假想女性琳达的职业问题的回答，可以作为代表性启发的典型范例。问题的背景是这样的：“琳达 31 岁，单身，直性子，而且非常聪明。她主修哲学。作为一名学生，她对反歧视和社会正义问题深表关注，还参加过反核示威游行。”[33] 然后，人们根据要求按照概率顺序排列琳达未来可能从事的八种职业。大多数是临时补缺性质的工作（如精神病学社会工作者、小学教师），两个关键的岗位是“银行出纳员”和“积极参与女权运动的银行出纳员”。

大多数人说，琳达不太可能成为银行出纳员，更有可能成为积极参与女权运动的银行出纳员。这明显是一个错误，是以结合错误（conjunction error）的形式表现出来的逻辑谬误。它的具体表现是，人们认为特性 A 和特性 B 相结合的可能性比特性 A 单独出现的可能性更大。这个错误源于代表性启发：对琳达的描述似乎更加符合我们对“积极参与女权运动的银行出纳员”的固定印象，远远强于泛泛的“银行出纳员”。代表性启发有助于解释社会科学家保罗·罗津（Paul Rozin）和卡萝尔·内梅罗夫（Carol Nemeroff）研究的交感思维（sympathetic magical thinking）现象。[34] 代表性启发通常效果很好，但在商业和政治中，它也可能导致严重的失误。招聘决策就经常因为代表性启发而出现严重的错误。

正如琳达的例子表明的那样，依靠代表性启发，而不是更加系统和理性的思考过程，会使思维刻板固化，从而导致错误。马尔科姆·格拉德威尔（Malcolm Gladwell）以史为鉴，指出人们过高估计了沃伦·G. 哈定（Warren G. Harding）① 的领导能力，只是因为他看起来像“总统”。他的外表和风度符合我们心目中政治领导人的理想形象。[35] 而其他“光环效应”有些也是代表性启发的产

① 沃伦·G. 哈定为美国第 29 任总统（任期为 1921 年 3 月 4 日—1923 年 8 月 2 日），生于俄亥俄州，卒于任期内。后世史学家多认为哈定能力平庸，他执政的两年多时间几乎是美国历史上腐败和暴力最严重的时期。——译者注

物，例如，选民更愿意投票给那些看起来很有能力或者只是个头儿较高的候选人，正是因为这些候选人符合我们在心理上为领导人勾勒出的完美形象。[36]

条条框框的束缚

只要是人，就免不了要受框架效应（framing effects）影响。也就是说，我们的决策会受到决策框架的制约，即使框架的不同仅仅是语义差别的结果，在现实中并不存在。我们所说的"框架"，是指如何向某人提出问题，或者人们如何从自己的角度描述或定义决策。同样一个决策，可以从"失去了什么"的角度去考虑，也可以从"得到了什么"来考虑，也可以是"我应该选择什么"，还可以是"我应该拒绝什么"。关键在于，框架对最终决策的内容会产生很大影响。例如，得知手术五年后的存活概率是 90% 的人，要比得知五年后的死亡率为 10% 的人更有可能去做这个手术。宣传"90% 无脂肪"的肉类产品要比宣传"10% 脂肪"的肉类产品更有吸引力。如果人们被告知他们使用某种节能方法，就能"每年节约 600 美元"，那么他们反而不太可能使用这种方法。但如果他们被告知，不这么做他们将"每年损失 600 美元"，那情况就大不一样了。

得失框架效应最令人玩味的表现之处，也许就是对我们的风险承担偏好产生的微妙影响了（"生"诱导利得框架，"死"诱导损失框架；"90% 无脂肪"是得，"10% 脂肪"是失）。有时，我们确实会很不幸地面临一种局面，那就是眼下的所有选择都会招致损失，而且这样的结果傻子都能看出来。如果造成决策困境的是一种不管怎么选都会造成损失的框架，那么大多数人就会改变谨慎的规避风险的态度，转而愿意冒险。而且这种更加强烈的冒险倾向，有时只不过是为了回到原点或者不亏本，哪怕这样的结果只是可能而非肯定也在所不惜。最明显的例子就是赌徒进行疯狂，但通常是徒劳的赌注，其目的只不过是想把本钱拿回来。而在医疗、商业和政府决策方面还有许多能够产生更加深远的社会影响的例子。

应该采用怎样的框架来探讨和解决问题？人们在这种框架面前如此不堪一击是否合理，多大程度上算合理？这些问题我们都可以讨论。毫无疑问，对选择的描述会对个体产生“助推”作用。甚至即便没有实质性差异，只不过是更加巧妙地运用语言，也会使描述发挥更加有效的作用。

自我中心偏差及其他

如果你也是凡人一个，那么就会受自我中心偏差干扰。这种偏差会让我们大多数人认为别人会像我们那样想问题，做事情。我们会夸大自己的品位和偏好的典型程度。当被问及星期六晚上有多大比例的人去看电影，喜欢鲍勃·迪伦还是泰勒·斯威夫特，是否赞成某个政治候选人，或者是否认为史蒂文·斯皮尔伯格的新片将赢得奥斯卡奖时，大多数人都会从自己的喜好出发，表现出方向性偏差。

这种偏差会导致重大的错误。例如，支持特定候选人的选民通常会高估该候选人胜出的概率。即使这类事情以前曾经发生过，以后还会再次发生，因为偏差很难避免。同样的问题也会出现在企业中，人们认为如果他们喜欢某个产品，其他人也会喜欢。由于制造产品的人通常对他们的作品爱不释手，可能最终会高估产品对他人的吸引力。

我们曾提到过其他偏差，虽然针对每种偏差都有大量的研究著述，但我们还是愿意再费一点笔墨多说几句，介绍一下这些偏差对企业而言的重要性（不仅是做生意，谈女朋友也免不了会受这些偏差影响）。[37] 如果一项计划遭遇失败，人们会倾向于加大投入力度，而不是简单地止损了事。人类容易产生“不切实际的乐观情绪”，比如调查发现大约 90% 的司机相信自己的驾驶行为比一般司机更安全。对于面临的大多数风险，人们通常会认为他们的运气要比现实防护好一些。

所以说，人类容易犯过度自信的毛病，尤其是当他们做出投资决策时。在过度自信的驱使下，人们就会养成“过度精确”的习惯，相信他们的预测比事实更准确、更精密。你对自己看好的一项投资年末价值的估算最高是多少？你可能会说，“每股 74 美元”。现在，你可以对这个估计值设定 90% 的置信区间，让实际价值落于这一区间之外，而令你感到意外的概率不超过 10%。如果你是一个典型的投资者，就会发现让你意外的概率其实远远超过10%。[38]

我们提到过“规划谬误”，这种谬误与乐观情绪和过度自信有着密切关系。[39]不管是小型项目（学期论文），还是大型项目（波士顿的Big Dig隧道，索契奥运会场地），总是预算超支，总是比原来的计划花费更长的时间。当公司财务人员试图做出有效的成本估计时，即使是常规项目，他们往往也要把成本增加至少一倍，但即便这样，他们的估计仍然太低。规划谬误源自于目光短浅，只考虑项目的一种预测情景，而对各种各样的偶然事件则采取不予考虑的态度（比如竞争对手的干扰，供应链发生问题，合作伙伴意外事故，以及天气之类的不可抗力等），并因此形成一个能够自圆其说却过度美化的叙事。

人类也受到后视偏差（hindsight bias）影响，即当事情最终按照某种方式发生时，他们倾向于认为“我早就知道是这个样子”。[40]后视偏差的一个真正的问题是，它降低了学习的可能性。由于后视偏差让我错误地相信我早就知道会发生什么，所以我对结果就不会感到惊讶，也就不会考虑修正我对形势的判断。当下一次我又面临类似的判断时，还会重蹈覆辙。

最后，人们成为沉没成本谬误（sunk-cost fallacy）的牺牲品，就是说他们不会采取合理的行动，应对他们已经支付的成本。[41]如果我费了好大力气才搞到音乐会的门票（或是健身俱乐部会员，或是发动一场战争），我就有动力坚持到底，即使我已经失去兴趣或者我参与的事业显而易见（至少从局外人的角度看）已经失败了，也在所不惜。我们将在本书的第二部分探讨一下对这项谬误以及其他一些谬误可以采取哪些补救措施。

无用输出

就我们在本书的讨论而言，一个核心甚至关键的问题是群体能否避免个人犯错。通常他们不能——“无用输入，无用输出”定律就是生动的写照，这个过程也是对指望个体错误能被群体纠正的一种嘲弄。事实上，个体错误不仅会被复制，还会在许多群体决策中被放大，从而形成一个“少量无用输入，大量无用输出”的过程。

还有一个特别令人不安的发现，与商业和政治中的群体行为有很大的相关性：面对一个濒于失败的行动，群体甚至比个体更有可能加大其承诺和投入。如果群体成员对于其所属群体有强烈的认同感，情况要更糟。[42] 我们知道，当事情开始出岔子时，有些人反而会加大他们对其原有计划的承诺和投入，部分原因是他们对计划倾注了强烈的感情，一定要让计划成功。

群体在这个过程中的表现更加惨不忍睹。为什么公司、州甚至国家经常继续开展注定要失败的项目和计划？人们不妨从这个方面寻找原因。如果某家公司大力营销一款卖得不好的产品，可能只是由于群体内部成员之间的关系互动，反而让它在错误的方向上越走越远。一个国家推行让本国公民受害的经济政策或外交策略，有时也是这个原因。

我们注意到，在规划谬误方面，群体也比个体更糟糕，这反映了群体存在过度乐观的风险。我们还发现群体有以下几个问题。

- 群体放大而不是削弱了对代表性启发的依赖。[43]
- 群体表现出比个别群体成员更加不切实际的过度自信。[44]
- 群体甚至比个体更容易受框架效应影响。[45]
- 群体更容易被律师们巧言令色的虚假论证误导。[46]
- 群体更容易受沉没成本谬误摆布。[47]

在一项试图提示代表性启发的威力的研究中，人们发现当个体错误率较高时，群体会比个体产生更多而不是更少的“结合错误”（相信两个事件一起发生的概率要高于其中某一事件单独发生的概率）。相反，当个体错误率低时，群体的结合错误也会减少。[48]

类似的偏差也损害了法律制度的公正。例如，假设个别陪审员心中已经存在偏见，也许是因为审判前对被告的报道产生的误导，也许只是因为被告的形象令人厌恶。在这种情况下，陪审团可能会放大而不是纠正这些个人偏见。[49] 这种情况不仅限于陪审团，它对各种群体决策都有影响。如果公司中的某个人被无关或无效的证据影响而产生偏差，那么整个群体的偏差会更严重。

当然，我们不想让大家觉得所有判断偏差都会被群体放大。对于一些偏差，群体会重复个体的错误，但不会加剧错误。对于另外一些偏差，群体甚至可能会减少错误。与个体相比，研究发现，群体对可得性启发的依赖程度还要略低一点（回想一下，这种启发会导致明显的错误），并且人们过度纠缠于某些较为突出的数字倾向（锚定偏差）[50] 也会在一定程度上通过群体讨论而削弱，后视偏差和自我中心偏差也是如此。然而，更重要的一点是，个体偏差没有在群体层面得到系统校正，并且经常会变得更糟。

为何会产生更多的无用信息

为什么个体错误如此频繁地被放大，而且如此罕见地在群体层面获得纠正？还是我们反复强调的两个主要原因：信息压力和社交影响。它们都脱不掉干系。

假设群体的大多数成员都容易出现某些特定错误，如果大多数人犯了这些错误，那么大多数人同时就会看到别人也在犯同样的错误。他们看到的情况会发挥社交证明（social proof）的作用，传递关于哪些是正确做法的信息。那些不是专家的人很可能会想，如果大多数人犯同样的错误，也许那根本就不是错误。社交影响也在发挥作用。如果大多数群体成员都犯错误了，其他成员可能不会让他们觉得自己有多令人讨厌或者很愚蠢。当群体放大其成员的失误时，社交影响是一大原因。

当然，也有一些好消息，可以作为协商型群体能够纠正或减少某些偏差的证据。我们已经看到，在“顿悟”之类的问题上，群体可以做得很好，即使个别成员起步的基础是从某种偏差中得出的答案。这是一个重要发现。如我们所见，它对群体如何做得更好是有影响的。倘若群体成员在宣布答案时确认答案肯定是正确的，他们就会倾向于就此达成一致。这种对真理的趋同可能有三个原因。第一，人们有时只是确认一下，这个答案是正确的，它原本就待在人们头脑中的某个地方，只不过大家没有想到而已，所以才能醍醐灌顶，一点就破。第二，宣布正确答案的人能够证明其正确性，可以进行令人信服的论证或逻辑推导。第三，这个人的技术权威性有时是无可争议的。当对某个交通方面的数据进行估算时，公路工程师是权威；而关于医学，医生则是专家。那么问题来了，如何使群体增强“顿悟”能力，更容易喊出“我明白了”之类的话？

群体在克服自我中心偏差方面也比个体做得更好。原因很简单。作为一个人，你会专注于自己的品位——你喜欢什么，不喜欢什么。也许你会为一部《美国队长》的新片而兴奋到疯狂，也许你觉得贴有一张罗纳德·里根照片的亮粉色圆形新款手机炫酷极了，魅力无法阻挡。但如果你去问问别人，你很可能会发现你自己的品位实在是太特异了。

一个更具普遍意义的启示是，如果群体能够对各种不同的观点兼收并蓄，开放包容，人们就能很快知道并非人人认同自己的立场，从而减少偏差。在这种情况下，群体协商就提供了一个重要的纠偏机会。请注意，如果群体全都由“志同道合”的人组成，那么我们是不太可能得到纠正的，自我中心偏差还会被放大。

这可能是群体的可得性偏差略有减少的原因。也许群体成员都依赖于脑子里想到的东西，但每个成员的记忆可能不同，所以在群体层面就会产生一个更具代表性的重要信息样本。还有后视偏差，与个体相比，群体对这种偏差的敏感性要略差一点。[51] 不容易受到后视偏差影响的群体成员能够说服别人这确实是一种偏差，或者有些成员会对结果感到惊讶（从而减少个体的后视效应）。

更重要的一点是，通过小组讨论，个体错误经常被传播和放大，而不是被消除。当个体表现出高度偏差时，群体的偏差程度可能比个体偏差的中位数或平均水平更高。这一点，正是群体失败的主要原因。

第3章

流瀑效应：从众带来危险

研究人员早就知道，如果群体成员之间相互影响，群体的错误就会被放大。当然，人类本质上是一种社会动物，人类语言可能是动物王国中最微妙、最迷人的社交机制。大脑会本能地积极帮助我们从一出生就无师自通地模仿别人，与其他人保持同步。[52] 情感在我们的物种中是会传染的，肥胖似乎也有传染性，幸福本身更是如此。[53]（我们知道某位行为经济学家发表了一个被他称为人类生活法则的观点："伴侣多幸福，你就多幸福。"）毫不夸张地说，群居是人类群体的基本行为。

如果你有疑问，来看一项有关音乐下载的出色研究。[54] 社会学家马修·萨尔加尼克（Matthew Salganik）和他的共同署名人得出结论，音乐的成功和失败有很多偶然性，早期流行的小差异，会导致最终成功的大不同。在商业中，许多人都意识到了这一点，但几乎都不是太清楚。他们低估了产品发布之后不久发生的事情对成功或失败的决定程度，并且经常高估内在价值的贡献。

萨尔加尼克的研究具体是这样的。研究人员创建了一个对照组，人们可以欣赏由新乐队创作的48首歌曲并从中下载一首或几首。在对照组中，内在价值和个人品位左右了人们的选择。每个人并不知道其他人下载或喜欢的歌曲，任其自行独立判断他们喜欢哪些歌。为了测试社交影响的效果，萨尔加尼克和他的研究伙伴又创建了八个子组。在每个子组中，每个成员可以看到每首歌在自己这个子组中有多少人曾经下载过。

总之，萨尔加尼克及其研究伙伴试图测试社交影响和消费者选择之间的关系。你觉得会发生什么情况？如果人们能够看到他人的行为，那么知晓他人的选择会对最终的下载次数产生影响吗？

答案是，影响太大了，造成的后果简直是天壤之别。虽然最烂的歌曲（由控制组确定）永远不会登上排行榜首，最好的歌曲也永远不会排名最后，但除此以外，基本上其他任何情况都有可能发生。如果一首歌从刚开始下载时就大受追捧，那么它就真能一红到底。如果不能先声夺人，几乎任何歌曲都可能一败涂地。正如萨尔加尼克和邓肯·沃茨（Duncan Watts）后来证明的那样，你可以相当容易地操纵结果，因为人气是一个自我应验预言[55]，你说它能红，它最后就真能红。也就是说，如果一个网站（错误地）显示某一首歌的下载量很大，那首歌就会一炮而红，并最终成为主打歌。据说当年约翰 · F. 肯尼迪的著作《当仁不让》（*Profiles in Courage*）甫一面世，他父亲乔 · 肯尼迪就买了数万本，这本书遂成畅销之势。真是一位聪明的老爸！

这里有一个教训可供两类组织借鉴，一类是寻求推销产品的企业，另一类是愚蠢的群体，领导者常常在群体搜集到足够的信息或得出可能的结果之前，宣布对某个拟议行动方案的偏好。这个教训说起来其实大家都明白，但它现在有了坚实的经验基础：如果一个项目、一家企业、一位政治家或一项事业在起步阶段就能得到很多支持，那么发展到最后就会成为整个群体的最终偏好，甚至离开了这种支持，单凭其内在优势根本无法取得成功。无论是小群体，还是大群体，最终都会表现出这种倾向。如果群体中率先发言的人赞成某个特定的行动方案，那么这个群体可能最终就会倾向于赞成他的立场，甚至开头炮的换个人又会有不一样的方案选择。

当作品成功后，我们经常认为它们的成功是注定的。《蒙娜丽莎》难道不是世界上最著名、最受尊崇的画作之一吗？她的肖像难道不是神秘而不可抗拒的吗？甲壳虫乐队难道不是注定要成功吗？《哈利 · 波特》系列小说是出版史上最受欢迎的读物之一。这是一部伟大的作品！怎么可能不是呢？要当心这种思维方式，因为所谓的“不可避免”往往是一种错觉。我们在这里无法证明，但事实确实如此：只要命运多几次坎坷曲折，你可能就永远都听不到蒙娜丽莎、甲壳虫甚至哈利·波特的名字了（实际上，这些标志性作品中的每一个开头都不顺，却在无意之间由于不可预测的人气大爆发而成为世人瞩目的焦点）。

从群体的角度来说，许多群体最终都会产生不可避免的感觉，认为他们必然会趋向于一种观点，并最终成为他们的共识。也要小心这种感觉，因为它往往是一种错觉。群体的结论很可能是偶然的，碰上谁先发言，谁的观点就有可能成为群体的结论——我们称之为群体讨论的偶然副作用。在会议的议程安排上，“老板先讲话”可能会产生与“下属先发言”非常不同的结果。

精明的管理者通常对这一点都有充分的认识，并且会组织讨论以便让特定人士在特定场合发声。在联邦政府内部，一些功力很深的领导人是这方面的大师。他们知道，在关键时刻，如果他们请某个和他们意见一致的人率先表态，就可以左右结果。管理者经验之一：把有些想法灌输给你认可的发言人，让他们抢先说，多说。管理者经验之二：如果你不知道正确答案是什么，不要这样做。

点赞和拍砖

还有其他一些研究支持我们的核心观点（也有助于消除“注定”的错觉）。耶路撒冷希伯来大学教授列夫·穆奇尼克和他的同事在一个网站上进行了一个巧妙的实验，这个网站刊登各种故事，并允许人们发表评论，然后可以对评论点赞或者拍砖。关于所发表的评论，网站会用点赞数减去拍砖数来编制一个总分。为了衡量社交影响的效果，研究人员设定了三种测试环境：（1）“点赞处理”，即通过人为操纵，评论一出现马上就自动点赞一次；（2）“拍砖处理”，即通过人为操纵，评论一出现马上就自动拍砖一次；（3）“控制”，即评论没有获得人为操纵的初始信号。数以百万计的网站访客被随机分配到三种环境下。问题：首次点赞或拍砖会产生什么样的最终效果？

你可能会认为，经过这么多次访问（和成千上万次的赞、拍），单单一次首赞或首拍可能无关紧要。总会有好的评论，也总会有不好的评论，最后胜出的还得是高质量的评论。这种想法很有道理，但如果真这么想，你就错了。在看到首赞之后（而且知道它完全是人为操纵的），下一个读者点赞的可能性会增加 32%。此外，这种效应还会随着时间的推移而持续下去。五个月后，单凭一次积极的首赞就能将评论的平均得分提高 25% 之多，而且投票数（打分的总次数）也显著增加了。

至于拍砖的投票，情况是不对称的——一个饶有趣味的发现。是的，首拍确实增加了下一位读者也拍砖的可能性，但这种影响迅速得到了纠正。在同样经过五个月之后，人为操纵的首拍对评分的中位数没有影响（虽然它确实增加了投票数）。穆奇尼克和他的同事得出结论：“积极的社交影响会逐渐累积，形成评级泡沫（ratings bubbles）的趋势，消极的社交影响则会被群众校正

（crowd correction）抵消。”他们认为自己的发现在产品推荐、股票市场预测和选举投票等方面都有意义。也许最初的积极反应，或只是几个这样的反应，就可以对最终结果产生重大影响。这个结论与萨尔加尼克的流行音乐研究可谓英雄所见略同。

我们还是要慎重一些，避免仅凭一两项研究就从中总结出重大经验教训，特别是在那些不涉及金钱的问题上。毫无疑问的是，当群体逐渐倾向于支持某些产品、人、政治倡议和思想时，可能并不是因为支持对象本身有什么内在优点，而是受到了与抢先点赞效果相同的这一类行为的影响。我们手头有很多关于群体的教训，有的反映群体近乎奇葩的不可预测性，有的则显示群体经常会缺心眼儿，少智慧。当然，穆奇尼克的研究是以非常庞大的群体为目标进行的，但同样的情况也会发生在小型群体中。事实上，在小型群体中的效果还会更加显著，因为首赞（支持某项计划、产品或裁决）会对其他人的投票产生巨大影响。

两种流瀑效应

这里有一项针对群体智慧和社交影响的全面测试。正如我们在第 1 章中看到的，一个大群体的估计值中位数往往准确得让人惊掉下巴（我们将在第 8 章继续讨论这一主题）。但是如果群体中的人知道别人在说什么，又会发生什么情况？你可能认为了解别人的想法能够提供一些助益，其实情况要复杂得多。

苏黎世的一位研究人员让·洛伦兹与几名同事一起研究当要求人们估算某些统计值（例如，瑞士发生的伤害、强奸和谋杀案件数量）时会发生什么情况。[56] 研究人员发现，当把别人的估计告诉大家时，意见的多样性会大幅减少——这样的结果往往会降低群体的睿智度（但是，请注意，即使多样性减少，群体仍然比个人的估计更准确[57]）。洛伦兹和他的合作者还发现群众的另一个问题，由于人们听到了其他人的估计，他们还会变得更加自信。值得一提的是，人们还会因为获得正确答案而得到金钱奖励，所以他们的错误只能怨自己，不全是“讨好别人”的结果。洛伦兹的结论是，对于决策者来说，群体的建议“可能是彻底误导”，至少当群体成员之间有互相交流的时候。

尽管存在些许差异，但萨尔加尼克、穆奇尼克和洛伦兹的研究有一个共同之处：它们都涉及社交流瀑（social cascades）。当人们相互影响时，就会产生流瀑，使得参与其中的人忽略自己掌握的情况，转而依赖他人公开宣布的判断。与我们对社交影响的两种描述相对应的，有两种流瀑效应：信息和声誉。在信息流瀑中，人们为了尊重他人传达的信息而让自己缄默不语。在声誉流瀑中，人们之所以沉默，则是希望避免别人责难自己。

信息流瀑

流瀑不一定涉及协商，但是协商过程和群体决策通常涉及流瀑。核心问题是，流瀑效应所涉及的人不会透露他们知道的一切。结果，群体得不到重要信息，而且经常做出糟糕的决策。[58]

信息流瀑在行动

如果你想知道信息流瀑是如何发挥作用的，可以想象一家公司的高管正在决定是否要授权进行新的风险投资。[59] 让我们假设群体成员依次表达自己的意见，这是全世界的团队和委员会面对面讨论问题时的常见做法。每个成员都掌握一些关于应该做什么的独家信息，但每个人也能以足够的理性参与他人的判断。

安德鲁斯第一个发言，他建议应该授权进行这次风险投资。巴恩斯现在知道了安德鲁斯的判断，如果她经过独立思考，同意安德鲁斯的判断，显然她也应该投票赞成投资。但假设她的独立判断是不一样的，那么一切都将取决于她对安德鲁斯的判断有多少信心，以及她对自己有多少信心。如果她对安德鲁斯的相信程度与相信自己不相上下，在这种情况下，她应该对将要做什么没有任何倾向性，可能只好扔硬币让老天爷来决定了。如果她在自己掌握的独立信息的基础上不能确定该怎么办，那么在这种情况下，她会附和安德鲁斯的意见。

现在转到第三位成员——卡尔顿。假设安德鲁斯和巴恩斯都赞成进行这次风险投资，但是卡尔顿自己了解到的情况（虽然不太确定）表明风险投资可能是个坏主意。到了这一步，卡尔顿必须权衡到底是支持安德鲁斯和巴恩斯的观点，还是坚持自己的意见。在合理的假设下，卡尔顿很有可能会忽略他知道的情况，跟着安德鲁斯和巴恩斯走。毕竟在这种情况下，安德鲁斯和巴恩斯的结论似乎很可能都有站得住脚的理由。除非卡尔顿认为他自己掌握的信息比他们更充分，否则他就会同意前两个人的意见。如果卡尔顿就是这样做的，他就成为流瀑的一部分。

如果卡尔顿很聪明，他可能会考虑另外一种可能性，即巴恩斯可能是屈从于安德鲁斯的判断，并没有进行任何形式的独立判断。如果卡尔顿想到这一点，他就可能不会在意巴恩斯与安德鲁斯达成一致的事实。但在现实世界中，许多群体成员想不到上一个发言者有可能是屈从于更前面那位发言者的观点。人们倾向于认为，在有两个人或更多的人相信某事的情况下，每个人的这种信念都是通过独立思考形成的。[60] 这其实是一种错误，我们很多人都会犯。

现在假设卡尔顿和安德鲁斯、巴恩斯站在一起了，团队其他成员戴维斯、爱德华兹和弗朗西斯知道安德鲁斯、巴恩斯和卡尔顿说了什么和做了什么。在合理的假设下，他们要做的事情会和卡尔顿一模一样：无论他们个人掌握了什么信息（我们假设这些信息对进行风险投资不太有利，但并不确定），他们都会赞成这次风险投资。即使安德鲁斯最开始的发言只是不过脑子的乱讲，最后也还会是这种结果。当然，戴维斯、爱德华兹或弗朗西斯也有可能会退后一步，怀疑安德鲁斯、巴恩斯和卡尔顿是否真的做出了独立判断。但如果他们像大多数人那样，就不会这样做。在他们前面发言的人显然已经达成了共识，单单这种沉重的压力就会迫使他们与逐渐已经形成共识的观点保持一致。

如果这就是事情的经过，那么我们就会面对一个早已熟悉的问题：流瀑中的人没有披露他们私下拥有的信息。在上面的例子中，决策没有体现整体知识水平或者群体中所有人掌握的全部信息。即使个体成员掌握的信息，只要确实进行披露和汇总，就会产生完全不同的（可能更好的）结果。群体会授权进行风险投资，哪怕这是一个糟糕透顶的主意，哪怕群体成员知道这是一个糟糕透顶的主意。原因很简单，就是人们已经被前面发过言的人牵着鼻子走了。后续的发言者可能不敢采信自己掌握的信息，也不敢把这些信息讲出来，即使这些信息实际上比引发流瀑效应的那些人共同拥有的信息还重要。

这里还有一个有关陪审团审案的信息流瀑例子。我们中的一位（海斯蒂）进行过几十次模拟陪审团研究，参与研究的志愿者多达数千人，许多都是具有公民资格的大城市陪审员候选人。在这些研究中，志愿者要审议和裁决一些典型的棘手案件，并允许研究人员对自己的表现进行录像。许多陪审团（模拟和真实）在审案开始前都先进行一次模拟投票，只是想了解一下每个人的立场。

在几十次陪审团试验中，我们观察到如下情景。模拟投票会把陪审团分成几拨人，而且通常都会引发一次小型的流瀑效应，有那么两三位陪审员会倾向于同一种判决，而且信心越来越大。

由于研究人员在审案前已经收集了个人意见，我们知道陪审团的每一位陪审员私下都倾向于哪种判决。让我们假设1号、2号和3号陪审员无论在私底下还是公开模拟投票中都赞成“二级谋杀罪”。我们同时知道，4号陪审员赞成无罪，而且在审案前的民意调查中表示出的信心度是最高的。

那么，当面对三个人的谋杀裁决时，4号陪审员会怎么做呢？他顿了一下，然后说：“二级谋杀罪。”这时，尚未决定做何表决的7号陪审员突然开口问道：“为什么是二级谋杀罪？”4号陪审员瞬时一脸不知所措的表情，好像走路撞到电线杆似的，然后他定定神回答说：“哦，这就是很明显的二级谋杀罪嘛。”这种情景非常典型，是信息流瀑的一个标志性例子。我们毫不怀疑，在世界各地的陪审团会议室、董事会会议室以及政府会议室里，每天都在上演这样的情景。

焦虑和流瀑效应

谦卑、圆滑或者爱显摆自己的人特别容易陷入流瀑效应。焦虑型的人完全可能会打破它，特别是在流瀑效应源自于高度乐观的情况下简直屡试不爽。南茜–安·德帕尔就是一位打破流瀑效应的金牌选手，这完全要归功于她敢于用怀疑的态度强硬地提出问题，迫使人们重新思考。每个群体都需要一些这样的人，他们想知道：如果许多人在某个棘手问题上都持相同意见，会不会是因为他们跟在一两个糊涂虫后面人云亦云？为什么没有不同意见？

（想想在猪湾事件中的惨败。）

对于先表态的人所做的声明或采取的行动，群体成员予以采信并不是不负责任，理解这一点很重要。事实上，成员遵循严格的理性思维过程，才会发生信息流瀑。群体成员会对其接收的信息信号做出明智的反应。如果大多数人认为创业是一个好主意，那么它可能就是一个好主意。如果你不想同意你的同事所说的话，你会理智地觉得需要相当强有力的论据来进行反驳。

但是，我们也不应该低估我们的另一种倾向，即我们经常会把自己和别人的信心当作一种暗示，以此判断哪些信息最值得重视（与信息的有效性无关）。群体决策最隐蔽的副作用之一，就是人们对错误的群体决策的信任程度，高于他们对不正确的个人决策的信任程度。流瀑效应产生的社交证据以及（更加普遍的从众心理）放大了每个人对错误结果的信任度。[61]高度自信或占主导地位的人物在决策过程中的表态也会产生更大的影响，并为自己赢得更多的尊重，至于他们的意见是不是真正有助于解决问题，没人在意。[62]

瓦罐实验：选红还是选白

在现实世界中，流瀑效应常常发生在协商型群体中[63]，但它们也很容易在实验室中创建。最简单的实验是人工设计的，但其揭示效果是最有力的，因为它是对现实，也就是每一年每一天发生的事件的程式化再现。实验需要一点技术，具体细节一点也不好玩儿，但请拜托各位务必听我们介绍一点细节，因为群体以错误收场的种种原因，全都藏在细节里。

实验组织者要求参与者猜测实验使用的是瓦罐 A 还是瓦罐 B，瓦罐 A 里有两个红球和一个白球，瓦罐 B 里有两个白球和一个红球。[64] 参与者如果猜对了，就可以获得两美元奖励，用经济手段刺激人们力争做出正确的选择。

每一轮选择一个瓦罐，然后要求参与者从选定的瓦罐中取出一个球（而且只取一个），取球的过程不对外公开。参与者在答题纸上记录两项结果：（1）球的颜色；（2）参与者自己对于使用了哪个瓦罐的判断。参与者不向整个小组宣布自己取出的是什么球，但是他一定要向大家公布自己（关于可能使用哪个瓦罐）的判断。

然后再把球放回瓦罐，把瓦罐传递给下一个参与者进行另一次不公开的取球。取球的结果仍然不向任何人透露，但这位参与者自己关于瓦罐的判断还是要公布。重复这个过程，直到所有参与者都取过球并做出决定。此时，实验组织者宣布实际上使用的是哪个瓦罐。如果参与者只根据他们自己掌握的信息选择瓦罐，他们的正确率会达到 66.7%。实验的目的是观察人们是否会在面对前面的人的表态时忽略自己的抽球结果，并探讨这样的决定是否会导致流瀑效应和错误。

结果呢？在实验中，通常确实会形成流瀑效应，一般也确实会导致错误。在公布了大量个人判断之后，人们宣布的判断结果跟他们自己的不公开取球已经没有了关系，却与此前大多数人宣布的结果相一致。[65] 超过 77% 的轮次导致了流瀑效应，15% 的个人在公布判断结果时没有体现“个人信号”，即个体自己取球所提供的信息。值得注意的是，大多数人的决定均合理基于现有的信息，但仍然会形成错误的流瀑效应。[66]

表 3–1 是一个导致不准确结果的流瀑效应示例（实际使用的是瓦罐 B，但前两次取球产生了一个有利于瓦罐 A 的流瀑效应）。[67]

表 3–1　信息流瀑

从瓦罐中取球						
	1	2	3	4	5	6
个人信号	A	A	B	B	B	B
判断决定	A	A	A	A	A	A

资料来源：Marc Willinger and Anthony Ziegelmeyer, “Are More Informed Agents Able to Shatter Information Cascades in the Lab?” in *The Economics of Networks: Interaction and Behaviours* , ed. Patrick Cohendet et al. (New York: Springer, 1998), 291.

这里有一个值得注意的地方，个人信息的总量（四个白球和两个红球）指向了正确的判断：瓦罐 B。但是两个早期信号的存在，产生了理性却不正确的判断，导致其他人也跟着犯错。最初的误导性信号引发了一连串不正确的决定，而且链条没有被后来收到的更能体现事实的信号打破。[68] 有证据表明，人们最终往往能够打破非常长的流瀑效应链，但毫无疑问，即使是很短的链条，也会造成很大的麻烦，有些长链也不是那么容易就打破的。[69]

瓦罐实验直接体现了团队和协商型群体在现实世界中的决策

过程，人们采信前人表达的意见，因此没有把他们知道的信息告诉给大家，结果导致整个群体受到伤害。在这里，我们可以回忆一下萨尔加尼克的音乐下载实验。他的实验也产生了类似的结果，有些歌曲流行开来，有些歌曲则湮没无闻。由于品位这个东西没法用对错来衡量，所以我们不清楚这些对音乐的判断里有没有错误。但如果一个群体由于采信了那些先发言的人的观点，而最终做出错误的决策，那么社交影响和从众效应显然对揭示真相起了破坏作用。

声誉流瀑

声誉流瀑具有完全不同的动态。在这种流瀑效应的影响下，即便群体成员认为他们知道什么是正确的或者什么可能是正确的，也会义无反顾地与群体站在一起，维持自己在别人心目中的好感。问题不是群体成员受到了前人声明所传达信息的影响，而是他们不想面对他们的老板或同事的不满。

政治正确（political correctness）在 20 世纪 90 年代（以及之后）曾是政治右派经常给别人扣的一顶大帽子，现在已经适用于许多场合，并不仅仅局限于左倾的高等教育机构。无论在商界还是政界，经常都会有一种明确的感觉，即某个观点人人皆须奉为圭臬，那些质疑或拒绝它的人，即使是出于讨论的目的，也要为自己的质疑或拒绝承受巨大的风险。他们似乎很难或者根本就无法成为团队的一员。人们认为他们的所作所为是在浪费群体的时间，把他们看作具有颠覆性的破坏分子。在极端情况下，他们成为大家眼中不合群的异类。这些异类让群体不自在，但明智的群体会采取措施保护他们。

声誉流瀑就是这样引发的。假设阿尔伯特表示公司的新项目可能会成功，芭芭拉同意阿尔伯特的意见，不是因为她确实认为阿尔伯特是正确的（事实上，她认为他错了），而是因为她不希望自己看起来对这个项目很无知，有抵触或怀疑情绪。如果阿尔伯特和芭芭拉都同意项目会顺利完成，辛西娅不仅不太可能公开表达不同意见，甚至可能愿意赞成他们的判断。辛西娅的反应不是因为她认为前两个人的判断是正确的（她认为是错的），而是因为她不想挑起阿尔伯特和芭芭拉的敌意或失去他们的好感。

现在应该很容易看清楚这次流瀑的引发过程了。一旦阿尔伯特、芭芭拉和辛西娅在这个问题上建立了统一战线，他们的同事大卫就更不愿意反对他们了，即使他认为他们错了，而且有充分的理由支持自己的观点。在群体决策的真实世界中，人们当然无法确定公开表达的意见到底是独立信息的产物，还是信息流瀑或者声誉压力的结果。正如我们已经指出的，倾听者和旁观者无疑夸大了其他人的行动都是基于独立信息的程度。

我们可以巧妙地改变一下上面介绍过的瓦罐实验，来推算声誉流瀑发生的概率。[70] 在新的实验中，人们需要猜测他们的球是从哪个瓦罐中抽取的，这与前一个实验一样（瓦罐 A 有两个红球和一个白球，瓦罐 B 有两个白球和一个红球）。参与者判断正确，会获得 0.25 美元的奖励，如果判断与群体多数人的判断一致，则会获得 0.75 美元的奖励。同时，判断不正确以及不一致的答案要接受惩罚。如果人们判断错误，会被罚 0.25 美元；如果他们的判断与整个群体的判断不一致，他们就要被罚 0.75 美元。

在这个实验中，几乎每一次都会引发流瀑效应！高达 96.7% 的轮次引发了流瀑，同时有 35.3% 的人公开宣布的判断结果与他们的个人信号不符。也就是说，他们公开投票反对自己取球所获得的信号。当后一个人取球后的判断与前一个人公布的判断相矛盾时，72.2% 的人选择与前一个人的判断保持一致。表 3–2 记录了这个版本的实验结果（实际是瓦罐 B）。[71]

表 3–2　从众效应和流瀑效应

从瓦罐中取球										
	1	2	3	4	5	6	7	8	9	10
个人信号	A	B	B	B	A	B	B	B	A	B
判断决定	A	A	A	A	A	A	A	A	A	A

资料来源：Angela A. Hung and Charles R. Plott, "Information Cascades: Replication and an Extension to Majority Rule and Conformity- Rewarding Institutions," *American Economic Review* 91 (2001): 1508, 1515.

这个实验表明，如果人们接受奖励的原因不仅是，或者不主要是他们做对了，而是，或者主要是他们的所作所为与别人保持了一致，那么基本上可以预期结果肯定会让人特别遗憾。然而令人遗憾的是，一些群体（通常由非常聪明的人领导或组成）提供的恰恰是这样的奖励。而且这样的群体还有很多（甚至是在责任特别重大的商业和政府工作环境中）。还是老问题，人们通过自缄来让自己合群，而不是把他们实际掌握的重要信息公之于众。

可得性流瀑

到目前为止，我们假设群体成员在某种意义上是完全理性的。他们互相倾听，重视前面的人给出的信息信号。的确，他们关心自己的声誉，他们想得到别人的喜欢和尊重，这没有什么不合理的。

然而，我们也注意到，人们会运用启发法进行判断，从而导致他们误入歧途，而且在判断过程中人们还会受偏差影响。在流瀑效应走向谬误的过程中，最重要的推手莫过于可得性启发。当特定事件凸显时，就会引发可得性流瀑（availability cascades），相关想法会从一个人快速传播到另一个人，最终在群体内形成广泛的信念，无论大小。[72]

可得性流瀑效应的副产品是关联阻塞（associative blocking）或协作固化（collaborative fixation），即强势且高度关联的想法会阻止其他奇思妙想的出现。当群体为自己设定的任务是产生创造性解决方案时，这种现象就会成为一个大问题。个体成员的创造性新思维过程被其他成员产生的强势的、现成可得的想法抑制。头脑风暴要想发挥作用，就需要采取一些战术来避免可得性流瀑效应这种棘手的副作用（进一步讨论参见本书第二部分）。

在高风险领域，可得性流瀑效应十分常见。特定事件（涉及危险农药、废弃有害垃圾倾倒、核电事故以及恐怖主义行为）可能为群体所司空见惯，甚至成为例行公事。到了这种程度，特定事件就会改变整个群体对流程、产品或活动的感知能力。在商业活动中，人们对可得性流瀑效应也不陌生。有关某次事件、巨大的成功或失败的报告可能像野火一样在企业内部或企业之间传播，影响大家对其他看似雷同的事件或产品的判断。一部电影（《星球大战》）、一部电视剧（《绝命毒师》）或一本书（《哈利 · 波特》）火了，就会引起企业的强烈反响，热切地寻找下一个题材类似的动议或项目。实际上，正是在流瀑效应显而易见的影响下，关于青少年吸血鬼或豪门贵妇的戏才会突然成为电视圈里的热门题材，因为管理层必须立足于近期大卖的故事题材做出决策。[73]

政府官员也会受可得性流瀑效应影响。一件坏事（比如，内维尔 · 张伯伦对希特勒的绥靖、越南战争或 2008 年的金融危机）会流毒很长时间，只是因为它太突出、太扎眼了。每次危机出现都会让人们想起当年的惨痛教训，提醒人们采取行动避免重蹈历史覆辙。

当然，基本判断也可能是正确的。有时候，历史真的可以为鉴。但请记住，可得性启发非常不靠谱。人们可能知道某个“狼来了”的实例，但实例也许并不具有代表性。农药基本是安全的，即使某种特定的农药不安全。一个广为人知、涉及废弃有害垃圾倾倒的事件，会让人感觉废弃有害垃圾倾倒比实际情况危险得多。

可得性流瀑效应会使企业和政府不切实际地看空一些可能性，又对某些人不切实际地看多。一旦牵涉可得性流瀑，群体的运动方向就会发生可怕的偏移。在这里，我们谈的还不是“群体迷思”的问题，而是众所周知的认知偏差如何以破坏性的方式与社交影响相互作用，这才是问题的症结所在。

第 4 章

群体极化：立场更加极端

流瀑效应和群体极化（group polarization）这两种早已为人所熟知和研究的现象之间存在明显的联系，协商型群体的成员在开始协商之前对某一立场的倾向性往往会在协商后变得更加极端。[74]这个问题在一群“志同道合”的人那里尤其严重，他们经过协商通常会变得更加极端。

群体极化是协商型群体具有的一种频繁模式（frequent pattern）。在美国、法国、阿富汗和德国等十几个国家进行的数百项研究都发现了它的踪迹。[75]例如，一开始就对美国说“不”，并且怀疑其意图的群体成员，在交换观点后会产生更多的反对和怀疑。事实上，法国人就是这种现象现成的活例子。[76]我们相信，如果我们在美国进行这方面的研究，并要求美国人评价法国人，也会观察到同样的现象。

风险偏移和谨慎偏移

最初关于协商效果的实验与企业和政府之类的组织联系尤为紧密。对风险承担行为的研究结果清楚地发现，从一开始就倾向于承担风险的人们，在经过相互协商之后，会更加愿意承担风险。[77] 如果群体成员在讨论前就有点儿愿意参与风险行为的意思，那么群体讨论的结果就会使群体参与更多的风险行为。有许多决策都需要承担风险，包括接受一份工作，对外国投资，逃离战俘营，竞选公职。在许多这样的决策中，协商型群体的成员经过短暂交换意见之后会变得更加愿意冒险。正是基于这一证据，主流观点认为协商产生了系统性的风险偏移（risky shift）。

但后来的研究又使人们对这一结论产生了疑问，进而形成了一个更大的谜题。面对许多同样的问题，美国人表现出风险偏移的倾向，中国人却表现出谨慎偏移（cautious shift）的倾向。事实证明，在参加实验的美国人中，协商有时也会导致谨慎偏移，因为厌恶风险的人在彼此交流之后会更加厌恶某些风险，这取决于他们正在考虑的行动。谨慎偏移的典型例子是关于是否结婚的决策，以及在腹痛严重到可能需要治疗的情况下是否登机的决定。在这些情况下，协商型群体的成员，即使是美国人，也会变得更加谨慎，而不是去冒险。[78] 那种认为人们会一根筋地单方向风险偏移的想法，其实是把问题看得太简单了。

如何解释这些毫无规律可言的发现？有一个简单明了的解释，能够让这些行为自圆其说——协商前中位数（predeliberation median）是群体转移方向的最佳预测指标。[79] 当群体成员从一开始就被置于需要承担风险的境地时，可能就会出现风险偏移。如果成员从一开始就谨慎行事，可能就会发生谨慎偏移。因此，上面例子中参加实验的美国人和中国人之间的显著差异，并不是文化习惯或群体协商的不同效果所致，而是群体成员从一开始时就存在的简单差异造成的。更准确地说，元凶是不同群体在关键问题上的协商前中位数。美国人以冒险倾向开始，中国人则以避险倾向开始，这个简单的事实就是导致两种不同转变方向的原因。风险偏移和谨慎偏移都被归入同一个标准——群体极化。

有一个发现对于企业有特别重要的意义，那就是无论是关于事实问题还是价值问题的协商都会发生群体极化。假设问题是，某个产品明年是否能在欧洲取得一定单位的销量。如果问题这样设计，那么群体极化可能就不太容易测试出来，因为答案只是“是”或“否”，而要想通过这种“是”或“否”的答案来证明群体向更加极端的方向转移并不是一件简单的事。但假设给人们的问题是，如果用从 0 到 8 的设定区间来衡量，这个产品明年将在欧洲取得一定单位的销量有多大可能性，其中 0 代表“零概率”，8 代表“绝对肯定”，7 代表“基本肯定”，6 代表“差不多肯定”，

5 代表“五五开”。

在这种情况下，协商型群体的回答往往就能揭示群体极化的程度，因为人们向更加极端的量值移动的幅度，取决于他们这个群体的初始中间点在哪里。如果协商前中位数为 6，则群体判断通常为 7。如果协商前中位数为 3，则群体判断通常为 2。[80]

说到这里，请注意，即使是联邦法官（都是法律专家，并且理应保持中立），也很容易受群体极化影响，因为被民主党和共和党任命的法官在与由同一政党的总统任命的其他法官一起审案时，会表现出更多的以意识形态主导的投票倾向。[81] 在一个完全由民主党成员组成的三人法官合议庭中，民主党法官在涉及性别和性取向、环境保护和工人权利等方面的歧视案件中会显示出自由派的投票倾向，而且其自由派的架势远比三人合议庭中至少有一位共和党法官时强烈得多。共和党法官也会表现出完全相同的模式，如果合议庭全部由共和党法官组成，他们就会表现出非常保守的投票倾向。你可以把三人合议庭想象为团队，法官投票受团队的态度构成（attitudinal composition）影响。

这里可以通过更加生动的方式来理解这一点。如果你想知道上诉法官如何在一个意识形态上有争议的案件中投票，可能需要先知道任命他的是共和党的总统还是民主党的总统。这是一个很好的预测指标。在许多法律领域，关于某位法官如何投票，还有一个更好的预测指标——合议庭的另外两位法官是谁任命的。

陪审员也会表现出群体极化。特别明显的一点是，陪审团最终判决的惩罚性赔偿金（punitive-damage awards）往往远远高于审案协商前陪审团成员首选赔偿金额的中位数。陪审团审议的结果反而使判决更加极端，并且是以加大处罚这样一种特别的形式。[82] 这里有一条关于处罚判决的经验总结：如果群体成员从一开始就倾向于给予嫌犯惩罚，那么整个群体很有可能会以给予嫌犯更多惩罚而告终。

科罗拉多州的一个实验

为了弄清楚这些问题，我们两个人［还有我们的朋友兼同事大卫·施卡德（David Schkade）］设计了一个独特的群体协商实验，我们相信这个实验能够准确地反映现实世界中的大多数协商情况。在这个实验中，我们从两个城市招募市民并分成小组（每组通常 6 人，全部来自同一个城市），并要求各小组就现在极具争议性的三个问题展开协商：气候变化、平权法案和同性婚姻。这两个城市是博尔德市（Boulder）和科罗拉多州的斯普林斯市（Colorado Springs），前者的投票风格主要是自由派（又名“博尔德人民共和国”），后者的投票风格主要是保守派（绰号“城堡”）。我们在实验开始之前对参与者进行了现状核查，确保博尔德的居民确实属于中间偏左、斯普林斯的居民确实属于中间偏右。市民们首先要求单独且匿名记录下他们的观点，然后一起协商，以达成一个小组决定。协商之后，要求每一位参与者单独且匿名记录他们协商后的观点。

群体协商得到了以下三个结果。

第一，来自博尔德的人在所有三个问题上都变得更加自由化。相比之下，斯普林斯的人则变得更加保守。群体协商的结果是使个人意见转向更加极端。这种转变表现在两个方面。首先，关于气候变化、平权法案和同性婚姻，群体的“判决”比群体成员协商前的平均水平还要极端。其次，个体成员的匿名观点在协商之后也比开始谈话前更加极端。这里有一个很大的教训：群体协商通常不仅使群体而且也使个人更加极端化，使他们在私下和匿名状态下也会表达更加极端的观点。

第二，协商增强了群体内部的共识。在人们开始协商之前，许多群体表现出丰富的内部多样性，说明人们的个人意见存在相当大的分歧。当然，博尔德的群众一般情况下都是自由派，但在我们的群体中，他们也不总是在我们选择的特定问题上彼此达成一致。讨论使自由主义者相互之间取得了共识，保守派也发生了同样的事情。简短讨论的结果就是，群体成员在协商后匿名表达自己的个人观点时，表现出更多的一致性和更少的差异性。

第三，协商大大增加了博尔德以自由派为主的市民和斯普林斯以保守派为主的市民在观点上的差异。在协商之前，两个城市的许多个体在观点上存在很大的重叠。经过协商，重叠缩小了许多。自由主义者和保守主义者变得更加分裂。

结果很清楚。普遍的规律是，协商型群体往往会在协商后采取与开始谈话前的倾向相一致但态度更加极端的立场，协商的主要影响是压制了内部多样性，进而让意见相左的群体四分五裂。

为什么会极化

为什么会发生群体极化？有以下三个基本原因。[83]

第一（最重要的一个原因），就是我们现在已经熟悉的“信息影响”的概念，但略有一点不同。群体成员比较重视其他群体成员的论据。在任何群体之中，预设立场的论据都会不可避免地向预设立场的方向倾斜。例如，假设绝大多数群体成员从一开始就认为某次新的风险投资可能会成功，那么就会有很多论据来支撑这一观点，让人相信确实会成功。从统计上来看，赞成初始立场的论据在数量上将多于指向另一个方向的论据。对于群体讨论过程中出现的部分论据——不可能是全部，个体也会思考和倾听。而由于很多论据都是群体成员自己提出来的，协商自然会导致人们沿着与群体成员起初观点相一致的方向，走向更加极端的方向。

第二，“社交影响”，这也是大家已经熟悉的概念。正如我们所看到的，人们希望得到其他群体成员的喜爱。人们公开陈述自己的观点，有时只是他们自我表达的一种。一旦他们听到别人的想法，一些群体成员就会调整他们的立场，至少会稍微转向主流立场的方向，以维持他们更加看重的自我表达。他们的立场是会相应“漂移”的。[84] 如果群体的领导者或大多数群体成员赞成某一个特定的行动方案，那些挑战主流观点的人就要自担风险。所以，聪明的领导人通常暂时或根本不说话，而是让群体成员把自己的真实想法说出来，这也是一层原因。

第三，信心、极端性和他人的佐证（更为微妙，凸显出三个因素之间的密切联系）。[85] 当人们缺乏信心时，往往踌躇不定，因此态度温和，知道自己的观点可能是错误的。伟大的美国法官勒尼德·汉德（Learned Hand）曾经说过："自由的精神就是那种对何为正确不那么确定的精神。"一时拿不定主意的人会尊重自由的精神。但随着人们信心的增强，他们的信念通常也变得更加极端。原因是一个重要的调节因素——他们不能确定自己是否做对了——已经被消除。在群体极化的问题上，关键点在于与他人达成一致往往会增加信心，并沿着这一途径增加极端性。

这也正是那些"志同道合"的人经过相互协商，更加确信他们是正确的，因此也更加极端的部分原因。在许多情况下，人们的意见变得极端简单，因为他们的观点已经得到旁人的佐证，也因为他们在得知其他人与自己观点一致后变得更加自信。[86] 群体沿着这个方向发展下去就会出现严重失误。他们可能会得出结论认为，某位聘用的新人太厉害了，某项拟议投资肯定会失败，或者某个新政策会有相当出色的效果。他们最终会失望、遗憾，并且常常惊讶于上述所有这些误判，因为群体内部的互动增强了他们的信心和执念。

群体内、群体外以及共享身份认同

大量研究表明，当人们拥有共同的身份认同感，同属于某个内部关系密切的组织或社团时，更有可能出现群体极化现象。这种现象也使人们对于群体极化的原因有了更加深入的认识。[87]

简单来说，人们极化的原因，是他们试图与他们所认为的，所在群体内部的典型立场保持一致。如果他们的群体身份认同特别突出，那么群体内部的规范取向可能就会变得更加极端[88]［如果某位领导者说，“我们都是某个宗教的信徒”，或者“我们都是这家公司的建设者”，那么你就等着极化吧］。而如果观点、论据来自群体内部的某个成员，大家也会特别容易被说服，因为他就觉得这种观点是对的。

人们还会特别害怕因为拒绝说群体内每个成员都必须要说的话而受到社交压力。在家庭、宗教团体、小型企业或拥有认同感并因此形成一些特殊内部人的公司里，群体极化是特别容易出现的情况，除非人们采取特殊措施来对抗这种倾向。就拿社交网络来说吧，包括那些在线网络，在这些地方，共享的身份认同往往成为自信过度和极端主义的滋生地。为了矫正这种倾向，麻省理工学院媒体实验室的亚历克斯·彭特兰（Alex Pentland）指出，重要的不仅是参与，还要有探索欲望，前者可以产生高水平的沟通，后者则会促进寻找和分享新的信息、新的意见和新的解决方案。[89]

群体外成员的意见通常没有什么力量，可能无关痛痒，甚至暗示反着去理解才是真相，这一点并不让人感到特别惊讶。[90] 如果你认为某个群体又傻又坏，甚至从根儿上就是错的，你真会听得进去这个群体中某位成员的意见吗？如果你的敌人或竞争对手说些什么，你可能更倾向于反着去理解。

有这么一项测试，内容是分析具有明显公信力的媒体更正能否改变阿拉斯加州前州长萨拉·佩林（Sarah Palin）支持和鼓吹的一种观念，即《平价医疗法案》将会导致“死亡陪审团”的出现。[91] 在那些支持佩林但政治素养有限的人中，媒体更正成功改变了他们的观念。同时，那些反对佩林的人也成功转变了看法。但是，更正却使那些政治素养较高的佩林支持者产生了相反的反应。在收到更正后，他们反而会更有可能相信《平价医疗法案》存在“死亡陪审团”的问题。讽刺的是，更正强化了他们最初的信念。研究表明，如果群体外成员支持某项主张，那么他们的支持可能会巩固群体内预先存在的信念。

当群体外成员公开表达意见时，不太可能会产生非常强烈的声誉压力：假如在和你差不多的人眼里，说话的那位平时就刚愎自用、动机不纯，拒绝这个人的意见真会让你担心产生什么不好的社会后果吗？对一位自我认同的保守派人士来说，某位众所周知的中间偏左人士的观点论据，基本上是可以当作耳旁风而不予理睬的。其实，当一个群体具有高度的凝聚力，并且其成员对群体高度认同时，就特别可能出现极化，而且可能是特别普遍的极化。

投资者群体为这种现象提供了明确的证据。越是内部联系紧密、社会关系联结一体的投资团体，就越容易损失大笔资金。[92]那些成员之间不搞社交活动，彼此只是视为同事而非朋友的投资团体，反而会做得更好。

准确性

群体极化会让答案准确还是不准确？当协商型群体极化时，会犯错吗？

这个问题没办法用“是”或“不是”来回答。一切都取决于正确答案和群体的协商前倾向之间的关系。如果群体倾向于正确答案，极化将导致其成员直接获得真相。在这种情况下，群体极化可能根本不会产生误差或错误。

但是，谁也不能保证群体一定会倾向于正确答案。由于群体影响的作用，有些人不会披露他们知道的信息。当个体向错误的方向倾斜时，群体协商会将错误放大。我们已经遇到很多这类令人不安的例子。当个体倾向于规划谬误时，群体更有可能出现这种谬误。当大多数人容易出现逻辑错误时，群体协商进程会导致出现更多的逻辑错误，而不是更少。群体极化导致了许多谬误和大量错误，没有人能从规划谬误或逻辑错误中受益。

第5章

隐情：被忽略的非共享信息

最后一个导致群体失败的原因可能也是四大原因中最有趣的。假设群体成员掌握了大量信息，而且只要这些信息能够说出来并进行适当的汇总，就足以获得清晰无误的正确答案。但即使这样，也有一个明显的问题，即如果群体强调广泛共享的信息，同时忽视一个或几个成员持有的信息，那么群体的表现也不会好到哪儿去。不幸的是，无数的研究表明，这种结果虽然令人遗憾，却是极有可能发生的。[93]

隐情（hidden profiles）是一个技术术语，指群体本来能够却没有获得对事物的准确理解。隐情又是共同知识效应（common-knowledge effect）的产物，在这种效应的影响下，由全体群组成员掌握的信息对群体判断的影响会大于仅由少数成员拥有的信息。[94] 对这种效应最浅显的解释是统计学上的一个简单事实，即常识更可能被传达给群体，进而得到个体成员的处理和理解。社交影响也发挥了很大的作用。

隐情

以一项关于工作小组内部严重错误的研究为例[95]，研究的目的是了解群体如何协作进行人事决策。

三名候选人申请营销经理职位的简历放在小组成员面前。实验者对候选人的特点进行了人为调整，使得其中一名申请人毫无疑义地成为这项工作的最佳人选。如果小组成员能够看到所有可得信息并加以考虑，他们本来可以知道谁是那个最佳人选（实验者建立了一些对照组来验证这一点，对照组的所有实验对象都获得了全部信息，结果无一例外，这些对照组都能选择出最佳候选人）。实验对象会得到几个信息包，每个信息包包含了一套简历信息子集，使得每一名小组成员只能掌握部分相关信息。这些小组均由三人组成，有些是面对面操作的，有些是通过网络操作的。

几乎没有一个审议小组做出了明显的正确选择。原因很简单：人们分享信息的方式无法使小组做出正确的选择。成员倾向于分享关于获胜候选人的正面信息以及失败者的负面信息。他们抑制了有关胜利者的负面信息和失败者的正面信息。因此，他们的发言起到的作用是“强化向群体共识的迈进，而不是使决策变得更加复杂，让辩论更加激烈”。[96] 对政治选举的模拟也有类似的效果，有关三位竞选公职的候选人的信息被打包分发给每一位成员。在这次模拟中，如果信息得到恰当归集汇总，是可以清楚地推导出最佳人选的，也就是候选人 A。[97] 在第一种情况下，四人小组中的每名成员都获得了大多数相关信息（每位候选人信息的 66%）。在这种情况下，67% 的群体成员在讨论之前看好候选人 A，85% 的人在讨论之后决定选择候选人 A。[98] 这是明智地进行信息汇总的一个范例。群体的表现明显好于个体，显然是信息交换和推理的结果。这再一次清楚地说明了群体有可能对成员掌握的信息进行汇总，并产生合理的结果。

相反，在第二种情况下，对候选人 A 有利的信息被分派给群体的各个成员，但仅共享每位候选人信息的 33%。此外，这种情况在设计时就是要使共享信息有利于两个明确较差的候选人 B 和 C。在这种情况下，在讨论之前看好候选人 A 的群体成员不到 25%，这是信息初始分布的自然和合理的结果。但如果在小组讨论中出现了非共享信息并得到认真对待，小组将最终选择候选人 A。坏消息是，赞成候选人 A 的人数在讨论后实际上反而下降了，仅仅是因为共享信息对群体成员产生了不成比例的影响。[99]

换句话说，当信息的分布导致关键材料无法共享并且只能在讨论中出现时，群体的表现确实比个体更糟糕而不是更好。在这种情况下，共享信息的影响力远远大于非共享信息，甚至会有损于小组的最终决定。

通过这项研究以及其他许多类似研究得出的总体结论是，共享信息的影响远远大于非共享信息。如果一个六人群体中的每个人都掌握着相同的信息，并且如果有两个成员掌握着自己独有而其他人都没有的信息，那么很有可能永远不会讨论非共享信息，共享信息将占主导地位。再进一步说，如果大多数非共享信息与起初最流行的观点相反，那么这些非共享信息将被人们从讨论中省略，并且对于群体的最终选择几乎没有任何影响。[100] 加罗德·斯塔瑟和威廉·泰特斯进行了许多相关实验，他们的结论是："群体决策和群体后偏好反映了群体成员的初始偏好，即使交换非共享信息本来应该能够导致意见的实质性变化。"[101]

另外，讨论也不会让人们想起更多的非共享信息。相反，它的主要效果是使人们想起更多关于起初最受欢迎的候选人或立场属性的回忆。[102] 最令人不安的结论是，当关键信息未得到共享时，群体在讨论之后选择的方案可能还不及个体成员在进行任何讨论之前选择的方案。[103]

共同知识效应

这些研究成果可以理解为是共同知识效应的结果，即由所有成员掌握的信息对于群体判断的影响要大于由某一位成员或某几位成员掌握的信息。[104] 说得更专业一些，斯塔瑟和泰特斯发现，

“某一特定项目的信息的影响力，与在群体讨论和判断前就已经掌握该项目知识的群体成员的人数直接相关且呈正相关关系”。[105] 当信息不共享时，研究发现群体判断并不比个体判断的平均水平更精确，即使（而这也是核心问题）群体掌握的信息比任何个体都要多。[106]

信息的共享程度越高，在讨论中的影响就越大，因为它更容易被讨论。在一项具有代表性的研究中，协商型群体未能引出并使用非共享信息，而如果他们只是把参与讨论的所有人的原始判断平均一下，他们的准确性其实是不会受影响的。这是一个清楚的调查结果，协商并不能改善源自于统计平均值的判断[107]（正如我们已经看到的，协商可能还会导致更糟糕的判断）。

认知中心，认知外围

许多“隐情”实验的志愿参与者都来自大学课堂。所以人们很自然会问：“在真实世界中也会出现同样的结果吗？”

的确会。以高层管理人员招聘研究为例。[108] 在这项研究中，高管掌握的各候选人的信息并不由实验者控制。相反，高管掌握的情况是通过自身的信息搜集自然获取的。这种信息搜集的结果就是，有些信息是大家都知道的，有些则是一部分人知道但并非众所周知，还有一些信息则是只被一人掌握。

结果呢？即使是在高层管理人员中，共享信息对讨论和结论的影响也高得不成比例。而对于由一个人或少数几个人掌握的有价值的信息，高管们的重视程度也低得不成比例。结果就是，高管做出了错误的决定，因为他们没有使用他们的同事们掌握的信息。

同一研究还有另一项具有显著重要性的发现。一些小组成员属于认知中心（cognitively central），也就是说，他们的个人知识同时也为群体中其他许多成员所掌握。[109] 认知中心成员知道的事情，其他人都知道。处于认知中心的群体成员因此就成为掌握着与所有或大多数群体成员一样信息的人。相比之下，群体的其他成员属于认知外围（cognitively peripheral），他们自己掌握的信息都只限于自己知道。他们知道的事情，别人不知道，而他们可能知道的事情，也许真的很重要。

正是由于这个原因，运作良好的群体需要利用好认知外围成员的优势。这些人尤其重要。但在大多数群体中，认知中心成员对于讨论的影响大得不成比例，而且在群体协商中的参与程度也更深。相比之下，认知外围成员最终几乎没有什么影响，参与度也较低，往往导致群体受到损害。

对于这些研究结果的一个简单解释是，群体成员更愿意听到大家都知道的信息，并且更愿意听信那些拥有这类信息的人。处于认知中心的人，可信性也较高，而处于认知外围的人，可信性则相对较低。在刚刚介绍过的那个特定实验中，最终处于认知中心的高管对拍板定调的影响更大。总体的结论是，有些群体成员比别人更有影响力，但其实他们成为让大家最愿意听信的人，并不是因为他们有什么独家消息，只是因为他们知道的信息，大家也都知道。不幸的是，那些拥有别人没有的知识，但更加边缘化的外围人士，才往往是群体成员最需要听取意见的人。

正如所料，群体对共享信息的专注度，会随着群体规模的扩大而提高。[110] 由于这个缘故，哪怕再大的群体，哪怕表面上看起来信息掌握很充分的群体，也会犯下严重的错误，这才是群众智慧的真正问题所在。在一项旨在测试有关公职候选人的判断效果的研究中，不管是三人小组还是六人小组，所有小组讨论的重点都更加集中在共享信息而不是非共享信息上，而且六人小组的这种倾向明显更突出。最值得注意的是，研究人员报告，“一条共享信息被提到两次的可能性，几乎与一条非共享信息根本没人提到的可能性一样大”。[111]

接下来，在 12 人、30 人乃至 200 人的极大型群体中，共享信息的影响更加复杂。尽管群体协商以失败告终，群体成员对于他们在讨论后形成的判断却往往要自信得多。我们已经看到，信心和错误的搭配是一个糟糕的组合。

为什么会出现隐情

为什么隐情总是不能大白于天下？主要原因还得从迄今为止一直在强调的信息和社交影响中去找。当信息是由所有或大部分群体成员持有时，从统计学的角度来说，这些信息在群体讨论中重复的概率会非常高，因此有可能比那些只有一个人或少数几个人掌握的信息更具影响力。这里有两个问题。第一，共享信息，只是因为它的共享本质，就能提高其在群体讨论中提到并加以探讨的可能性。第二，由所有或大部分群体成员持有的信息，对于个体的判断影响更大，而这些个体判断反过来会影响群体判断。

假设有一个五人团队就是否采取军事行动来对抗某个潜在威胁向总统提供顾问建议。如果五人中每一位都有资料表明使用军事力量会成功，这些信息就可能在群体中得到讨论——可能性远远高于顾问个人手中那些孤立的，显示使用武力可能会陷入困境的零散信息。如果顾问团队对某条信息进行格外强调，而这条信息又已被每个人事先掌握，那么这条信息就会对整个团队的最终决策产生不成比例的重要影响。这完全是一个统计问题。

但是被当作隐情而隐藏起来的信息还要更多，单凭统计数据进行预测是不可能穷尽隐情的。人们在了解新出现的额外信息时，总会出现这样一种现象：群体中的低阶成员“在讨论过程中越来越不愿意反复提及独家信息”。[112] 随着讨论进程的推进，群体中那些没有经验的成员或者被认为等级较低的成员会变得特别不愿意强调其个人掌握的信息。因此，在企业中，领导者不太可能知道那些没有太多经验或得不到大家尊重的人的意见，即使这些权力不那么大的人知道一些重要的事情。同样的情况也可能发生在白宫和通用汽车的董事会里。

这个重要的发现表明，群体成员，特别是低阶群体成员，对于强调大多数群体成员所缺乏的信息会感到紧张。事实上，低阶成员可能会缄口不言。他们这样做的部分原因是难以确定他们掌握的信息有多少可信性和重要性，部分原因是他们如果想大力主张遭到其他人排斥的某个观点，就要冒遭到整个群体反对的风险。我们已经看到，认知外围成员对群体没有什么影响。那些掌握了独家信息的人最终参与讨论的程度要低于那些只掌握共享信息的人，而且认知外围成员所说的话也会被群体低估。在许多协商型群体中，那些重视独家信息的人面临明显的社会风险。而对群体来说不幸的是，他们对这种风险一清二楚。

隐情因此成为许多群体的一个大问题，这些群体不能获得他们需要的信息，进而导致错误的发生。群体成员往往低估低阶成员的表现，并且往往高估高阶成员的表现，这种区别对待会使高阶成员获得某种程度的尊重，虽然这样的尊重根本没有现实保证。[113]

社交回报

上面的论述又牵扯出一个连带问题。那些讨论共享信息的人往往会获得不错的社交回报：在一名群体成员讨论完共享信息后，群体其他成员最终会觉得这个人更有能力，也更讨人喜欢。也许这个发现没有什么让人意外的地方，因为这可能完全出于人的本性，那些告诉你一些你已知道的信息的人，自然而然就会得到更多的尊重和喜爱。（“如果他们也跟我这么说，那么他们一定很聪明，好人有好报！”）但也许更令人惊讶，也更引人注目的是，如果一个人得到的信息是自己已经掌握的信息，他还会觉得自己更有能力，也更讨人喜欢。[114] 这是一种很奇怪却真实发生（并且很重要）的情况：如果有人告诉你一些你已经知道的信息，你可能不仅会喜欢那个人，更会因此喜欢自己多一些。（“如果他们也跟我这么说，那么我一定很聪明，好人有好报！”）

在面对面的讨论和纯粹的书面交流中，人们在收到他们已经知道的信息后，会（在知识、能力和可信度方面）给予他们自己和他人更高的评价。这项发现可谓含义颇多、意味深长。在群体内，那些拒绝接受明显共识的人要在重要问题上冒声誉受损的风险，他们的自我形象也会受到危及。所以从这个角度来说，难怪只有共同知识才能获得强调，因为大家全都自我屏蔽了，即使他们本来可以让一段隐情大白天下。

这里有一个建议：假设你掌握了有价值但没有被共享的信息，可能最好要先赢得信誉和信任。你可以这样做：“告诉他们他们已经知道什么，然后再告诉他们他们还不知道什么。”[115] 这个策略可能有效，有助于提供必要信息，引导群体朝正确的方向前进。

小结

我们在第一部分的目标是总结出协商型群体的四大常见失败

原因。(1) 有时个体错误会由于协商而被放大，而不仅仅是一传十十传百那么简单。(2) 群体成为“流瀑效应”的受害者，因为抢先发言或行动的群体成员会让大家搞不清楚他们这些先行者到底掌握了哪些信息。(3) 由于群体极化，协商型群体的成员在协商之后，往往会采取与其协商前倾向相一致却更加极端的立场。(4) 在协商型群体中，共享信息经常占据主导地位或对非共享信息形成挤出效应，导致群体无法掌握其成员知晓的全部信息。

我们已经看到，信息信号和社交压力有助于解释所有四大错误。一个令人不安的结果是，群体通常做得不会比其成员的平均水平或中值水平更好，有时候还会更差。对于许多协商型群体来说，一个至关重要的任务是制定各种策略，克服这些问题，增加群体利用成员或者根本不属于这个群体的人手中掌握的信息做出判断的可能性。那么如何才能做到这一点？

下面就让我们来回答这个问题。

第二部分

如何让团队决策更成功

第6章

减少失败的八种方法

假如某个群体的领导者认为，很多群体成员都掌握着有价值的信息和观点，他想征求大家的意见，该怎么做?

大多数管理人员都忙得不可开交，要完成的任务数量多到令人生畏。他们会不由自主地喜欢那些提供乐观预测的员工，那些把“不必担心”当成口头禅的员工。员工当然也很清楚这种“不由自主”，所以他们中的很多人都不愿意向老板报告坏消息。没有人喜欢焦虑或传播焦虑，特别是传播给那些管着自己的上级。

我们已经看到，在奥巴马政府中，南茜－安·德帕尔和杰夫·赞茨解决了这个问题，他们都能明确地表示要知道真相，即使真相包括坏消息。如果他们没有了解到真实情况，他们会一直问问题直到真相大白。世界各地的智慧群体也都是这么做的，并因此受益匪浅。

顺便说一句，我们不希望被大家看作站在乐天派的对立面。乐观的情绪和正能量都是极其宝贵的财富，但一定要用对地方，该乐观的时候再乐观。乐观的人也许更有可能成功，但是我们认为，在一项事业的早期阶段，在评估各种选择，制订各种计划的时候，不能不切实际地瞎乐观。要等到做出决定之后再去乐观，因为到了那个时候，更重要的是对行动方针做出一致承诺，心往一处想，劲往一处使。有时，甚至一些不太现实的愿望还可以激励人们去艰苦奋斗，以坚忍不拔的毅力创造最高水平的辉煌成就。

我们的中心主题之一是多样性的巨大重要性，这倒不一定是从人口角度所说的多样性，而是观念和观点的多样性。我们首先要说的是认知的多样性。焦虑的优点之一是它倾向于反映和产生这样的多样性。此外，领导者可以通过大量工作来提高多样性程度，包括培养正确的文化以及雇用适当的人。

多样性和异议的独特优势之一是它们推动了机构需要做的两件事：创造力和创新。[116] 如果少数人的意见真正得到倾听，很可能就会对一个内部运转良好的群体产生振聋发聩的作用，让其从常规惯例中解放出来，进而创造出新的解决方案，甚至是较高程度的创新。异议和多样性的存在，再加上较高的参与水平，会使群体做得更好。[117]

重要的是要了解如何利用多样性的力量。许多群体错误地将需要多元观点的不同职能和需要寻求共识的关键职能混合在一个流程里。重要的是，提前了解什么时候需要完成哪个目标，并对群体的协商流程进行妥善规划，以分别实现每个目标，有时甚至要到设计两步走的策略将两个流程相互隔离的程度。有趣的是，这一深刻认识得到了达尔文进化理论和现代计算机科学机器学习理论的概念性争论（conceptual arguments）的支持（更多关于这一重要区别的论述请参见第 7 章）。现在，请记住，求同和求异这两个流程都是需要的，但在规模更大的问题解决策略中，最好是分不同阶段来实施。

我们强调焦虑型领导和多样性的重要意义，并据此提出了有可能减少失败的八种方法：（1）刨根问底型和自我缄默型领导者；（2）“启动”批判性思维；（3）奖励群体的成功；（4）角色分配；（5）视角转换；（6）魔鬼代言人；（7）蓝军；（8）德尔菲法。我们先从最简单和最不正式的方法开始，把复杂程度较高、结构更精致的方法留到后面讲。

刨根问底型和自我缄默型领导者

对有些人来说，即使他们掌握着重要的信息，也比别人更有可能保持沉默。我们注意到，群体成员的社会地位越高，或是对自己的观点越有信心，他们就越有可能把话说明白。[118] 我们还曾提到过一个补充发现：社会地位较低的群体成员——受教育程度较低的人、非裔美国人，偶尔也包括女性在内——在协商型群体中的影响较小。[119] 而在陪审团中，我们也发现以职业和性别衡量的地位较低的陪审团成员在案件审理过程中更不活跃，影响也较小。[120]《美国陪审团》（The American Jury）是有关陪审团制度最伟大的研究报告之一，对 20 世纪 60 年代初的法官和陪审团进行了调查，结果不出意料地发现，在陪审团审理案件的过程中，男女发表意见的次数比例是二比一。[121] 但出乎我们意料的是，40 年后，当分析我们自己的陪审团审案数据时，我们发现在陪审团审理案件时男女陪审员发表意见的次数比例仍然是二比一。在许多公司，无疑也存在类似的情况。

智慧群体会仔细考虑这些发现并采取纠正措施。显然，当信息被群体内的领导者掌握时，非共享信息几乎不会产生任何影响的风险就会大大降低。毫不奇怪，领导者渴望分享他们所拥有的信息。而且领导者的话通常都是一言九鼎，因为他们不说则已，要说就一定得有人听。[122]

还是以实验为例来说明问题吧。由一名住院医生、一名实习医生和一名三年级医学院学生组成医疗队，根据要求来诊断疾病。整个团队表现出强烈的倾向——非常重视住院医生强调的非共享内容，因为住院医生是群体中地位最高的成员。所以在这种特殊的情况下，整个团队不会成为“隐情”问题的牺牲品，因为住院医生的信息，即使只有他一人掌握，也能成功地传达给所有群体成员。[123] 更为常见的是，那些对手头的任务颇有经验的人更有可能提及和重复非共享信息。

导致这些现象的一个原因是，地位较高或能力较强的人较少受到导致人们自缄的社交压力的影响。另一个原因是，领导者和专家更有可能认为自己的信息是最重要的，值得向整个群体广而告之，哪怕其他群体成员掌握的信息指向另一个方向。

最简单的解决方案是，领导者和高阶成员会员可以表明他们对于听到独家消息的意愿和渴望，借此来为群体松绑解套。如果喜欢刨根问底，那么他们更有可能学习到更多的东西。当然，时间永远是不够用的。有一种做法可能会有很大的帮助，领导者可以举行几次短时间的会议，要求提供尚无人提及的信息（在政府中，桑斯坦创建了一个“15 分钟的规则”，也就是说，除非有特殊原因，工作人员的会议不能超过 15 分钟，而且时间很短确保了组织从一开始就会被蜂拥而至的大量信息淹没）。领导者可以拒绝在一开始就进行明确表态，借此提供更多空间，让更多的信息涌现出来。

“启动”批判性思维

我们已经看到，当人们在协商型群体中保持自缄时，往往是受到社会规范的束缚。因为他们感觉如果披露的信息与其群体的倾向不一致，自己的声誉就会受到伤害，他们将受到惩罚而不是获得奖励。隐情之所以一直隐而不现，很大一部分原因就在于此：

那些披露独有信息的人面临遭到反对的风险。

这些都不是不可避免的，社会规范并非一成不变。如果以共识为重并且成为众所周知的规范，那么自缄就会变得更有可能。但如果一个群体众所周知的是它对新信息和相互竞争的信息的欢迎，那么奖励结构就会有根本性的不同，并且有助于产生好得多的结果。

社会科学家做了很多工作来强调启动（priming）的重要性。“启动”这个词的意思是，激发联想和思考，进而影响人们的选择和行为。如果“启动”男性教师和女性学生去思考性别差异，他们的举止就会表现出不同，反而更加符合性别的刻板印象。像“华尔街”这样的词语会增加人们的竞争倾向，减少他们的合作机会。在一项研究中，如果参与者认为要求他们玩的游戏的名称是“社区游戏”，他们一起合作的可能性就会远远大于认为游戏名称是“华尔街游戏”的时候。[124]

自缄也会受到“启动”的影响。支持这一主张的惊人证据来自隐情的实验，这类实验要求人们从事一项不是涉及“和谐相处”就是“批判性思维”的优先任务，借此产生启动作用。[125] 当启动涉及“和谐相处”时，人们会感到他们的目标是合作以及保持相互友好。当启动涉及“批判性思维”时，人们会认为他们的目标是找出正确的解决方案。一旦人们被需要批判性思维的任务启动，就更有可能披露他们知道的情况，而隐情则会大大减少。好的团队成员会批判性地思考问题，他们并不总是和谐相处，智慧群体可以启动这种特定做法。

包括公司董事会在内的许多组织都可以采取这种办法。在美国，表现最好的公司往往拥有“极端好斗的董事会，将表达异议视为一种义务”，并且“时不时就会大战一场”。[126] 回想一下那些失败的投资俱乐部，当成员之间通过紧密的社会关系联合在一起的时候，他们几乎没有不同意见，却损失了大量金钱。相比之下，表现最好的投资俱乐部缺乏这种关系，从而得益于异议和多样性。[127]

无论是私人，还是公共群体，都要记取一条明确的、具有普遍意义的经验教训。如果群体鼓励信息披露，就会使自缄现象显著减少，哪怕信息与整个群体的意见倾向相反。协商也会因此而受益匪浅。良好的社会规范和优秀的文化对于减少社交压力的潜在恶劣影响大有助益。虽然鼓励披露并没有什么简单或自动生成的方式，但领导能力的高低会产生很大的不同，领导者能够灌输新的规范来推动披露。有些小小不言的追求一致性的压力，则可以完全避免。对于不同的观点或反对意见发自内心地（而不是象征性地）表示欢迎，有时甚至馈以物质奖励，会起到非常重要的作用。对于嗨聊，则可回之以“好吧，现在告诉我一些我需要知道的信息”，或者用其他某个类似版本的表达作为应对。

奖励群体的成功

我们已经看到，人们之所以选择保持沉默，往往是因为他们只能从公开披露中获得很小一部分收益。这就带来一个明显的问题：假如个体知道他们能否得到奖励与他们的答案是否正确没有关系，但与群体的大多数最终是否正确有关系，那么群体又会有何表现?

在这种情况下，隐情、流瀑效应和群体极化会有所减少。如果人们能够在他们的群体正确的时候得到回报，他们就更有可能把实际知道的信息公之于众。在这种情况下，激励措施就要有所改变，因为人们会将披露的收益内化（internalize）。优秀的管理者对这一事实是有充分认识的。

更加深入的实验表明，就以这种方式重构激励，从而降低流瀑效应的可能性，是可以做到的。[128] 当每个人都知道个人决策的正确不会给他带来任何收益，但群体决策的正确能给他带来一切的时候，流瀑效应的可能性就小得多。当对个体最有利的做法就是准确报告他的所见所闻时，群体就能获得更好的结果。只有每个人都知无不言，言无不尽，才最有可能促成正确的群体决策。

强调群体成功的重要性可以改善许多现实世界背景下的决策，原因很简单，这种对集体的强调可以集思广益，博采众长。就拿自爆家丑这种事儿来说吧，这种做法不仅可以理解为披露不当或非法行为，而且从更广泛的意义来说，还可以理解为让群体计划和行动可能存在的缺陷引起外界的关注。爆料人自爆家丑通常不是为了满足狭隘的一己之私，而是希望确保组织或团队成功。

诚然，有些爆料人确实是心存不满，但他们中的许多人也是真心在为推动其群体而非自己的成功而努力。在运作不良的群体中，爆料人采取行动要自担风险，这使得人们不太可能成为举报者。智慧群体则欢迎爆料。忠诚很重要，但当人们揭发问题是为了使群体做得更好时，很难把不忠的帽子扣在他们头上。

一般的经验是，对群体成功的认同更有可能确保人们知无不言，不管这样做是否符合群体的路线方针政策。如果群体成员关注的是他们自己的个人前景，而不是整个群体的未来，群体犯错的概率就会大增。社会规范和物质激励都可以发挥关键作用，帮助群体成员确定优先目标。难点在于如何在协商型群体中发挥其中一种甚至全部两种机制的作用。

角色分配

实验证据

设想有一个协商型群体，每个成员都担负着特定的角色并为全体群体成员所赞赏和熟知：第一个人或许有医学专长，第二个人可能是律师，第三个人也许深谙公共关系，第四个人没准儿是统计学家。在这样一个群体中，对信息进行合理汇总的可能性应该是相当高的，原因很简单，就是大家事先都知道每个人多少总能贡献一些东西出来。如果存在分工，如果每个人都在一些知识领域有特殊造诣而且广为人知，隐情可能就“隐”不下去了。[129]专家肯定是有帮助的，不仅因为他们有专业知识，也因为他们觉得有这个能力、有这个责任公开发声。

多项实验强烈支持这一假设。[130] 在其中一项实验中，由三人组成的群体每位成员都获得了有关三名谋杀嫌犯其中一人的大量独立信息。[131] 在这些群体中，有一半群体会在讨论开始之前将每位成员的具体“专长”向大家公开。另一半群体则不公开明确专家的角色。结果，在专家身份公开的群体中，倾向于采用共享信息的偏差大大减少；公开确认身份成为解决信息共享问题的有效手段。相比之下，当专家身份没有公开时，以及当每位小组成员仅从实验人员私下得知他是某一特定领域的专家时，偏差的减少就要小得多。

解决办法很清楚。如果群体想要获得其成员掌握的信息，就应该在协商开始之前告诉所有群体成员，每个成员都能贡献不同却相关的信息。在如何从分散的信息中挑选出有用信息的问题上，通过角色分配减少隐情可以发挥重要作用。

“山头儿”的多元化

让我们从行为实验室的实验转向现实世界。正如桑斯坦通过近距离观察所看到的，联邦政府的角色分工是非常细致、非常全面的。如果整个流程运转良好，政府下属的各种群体就会表现得极为聪明。EPA 有许多员工，他们对清洁空气和清洁水了如指掌。美国农业部的人都是耕作和农业专家。美国交通部通晓高速公路和铁路。美国国务院和美国贸易代表办公室关注的是国际关系，他们知道美国政策对其他国家的影响，熟悉美国与这些国家的关系。

作为 OIRA 的负责人，桑斯坦经常发现，只要各个政府机构的角色分工及其独特的专业知识和视角得到尊重，协商就会产生好的决策。事实上，桑斯坦的一部分工作正是确保参与决策的人能够倾听不同的人以不同的角色提供的不同意见。如果整个体系运转良好，就不会产生隐情，人们也不会极化或者成为流瀑效应的一分子。

在政府中，人们通常会把参与讨论的各色人等分清山头儿。当然，这是一个丑陋的术语，却是政府中人天天挂在嘴上的口头禅（既然我们说到这儿，不妨把其他一些闹心的词也列出来，比如会议之后布置任务是“派活儿”，工作成果是“交工”，把某人包括在内叫“圈进来”，回头再去找某人则被称为“杀回马枪”。嗯，确实就是这些意思）。“山头儿”这个词是一种简便快捷的方式，用于表示各路人马的观点和角色很重要，需要予以单独的重视、关注和尊重。

对于那些在政府工作的人来说，有关“山头儿”的议论可能令人沮丧，甚至令人愤怒。喜欢议论这些事儿的人会成为努力达成共识的障碍，而共识往往是把任何工作做好都必不可少的前提条件。更糟糕的是，这个词会让讨论的参与者觉得他们应该关注的不是“什么是对的”，而是那些源自于特殊地位的论点和关切。但是，如果协商是一个运转良好的过程，“山头儿”的概念又是不可或缺的。在山头儿的授意下，人们会从自己的角色出发提供信息和观点，从而确保重要信息不会丢失。即使领导者并不是特别擅长信息的汇总，来自不同山头儿的人们参与协商，也可以确保群体知晓其需要知晓的情况。

政府有时决策失误的一个原因是，核心决策层对各方利益的代表性不够多元。解决的办法也很简单，无论是私营还是公共部门，能够让大家各司其职、各负其责的领导者，就能把事情办好。

视角转换

现在介绍一种有用的策略，这种策略有一点角色分配的意思在里面。假设你是一个组织的领导者，也许受到了旧有思维方式的束缚，组织的运转不是很好。还记得我们此前讲过的吗？群体死守必将失败的行动方案，其顽固程度甚至超过个人。你该怎么办？

英特尔公司是美国一家大型企业，在20世纪80年代就面临这个问题。经过14年的赢利，公司在自己一手开创的内存芯片市场上开始丧师失地。英特尔采取了一个极具戏剧性的举措，决定放弃整个存储器市场。[132] 公司首席执行官安迪·格鲁夫（Andrew Grove）讲述了这一决策出台的过程：

我记得那是1985年年中的一段时间，当时，这种漫无目的的犹豫徘徊已经持续了将近一年。我在自己的办公室里，和英特尔的董事长兼首席执行官戈登·摩尔一起讨论我们的困境，两人的情绪很低落。我朝窗外望去，远处，大美利坚游乐园的“费利斯摩天轮”在旋转。我回过头问戈登：“如果我们被踢下台，董事会请来一位新的首席执行官，你认为他会怎么做？”戈登毫不犹豫地回答：“他会让我们放弃存储器业务。”我两眼直直地盯着他，然后说：“那你我干吗不从这扇门走出去，然后回来自己动手呢？”[133]

这是一个极具深意的故事，格鲁夫能够通过一次纯粹的假设角色分配，问摩尔和自己，新的首席执行官会做什么，借此让自己跳出常规思维过程的束缚。这个问题改变了他的视角，让他从当局者迷一下子变成旁观者清。对于英特尔来说，公司自此启动了新的战略并取得了辉煌的成功。这个故事说明，当群体失去前进的目标而徘徊犹豫，或走在一条前途似乎不妙的道路上时，问一问“如果我们换上新的领导层，他们会做什么”，是一个相当绝妙的办法。这个问题很简单，却可以跳出许多观念上的陷阱。

魔鬼代言人

如果隐情和自缄是群体失败的根源，那么一个显而易见的应对之策就是要求一些群体成员发挥魔鬼代言人的作用，故意支持与群体倾向相反的立场。近年来，公共和私营部门都对魔鬼代言人的做法表现出很大的兴趣。无论是2005年报告伊拉克战争情报失误的参议院委员会，还是2007年对美国国家航空航天局（NASA）一系列失误进行调查的审查委员会，其核心策略都体现了魔鬼代言人的基本思想。

一些成功的领导者意识到了倾听不同意见的重要性，但他们的做法比较含蓄，并不表露在外。这些领导者试图诱导别人提出不同意见，但不是通过任何正式的流程，而是通过对不同（而且是无法兼容）的立场表达个人赞同意见的方式，以此广纳谏言。罗斯福总统的独特做法就是一例。他有时会采取巧妙的方式表明他与别人达成了一致意见，但其实他和这个人的立场是完全相左的。所有的顾问都认为总统是赞成自己的意见的，所以他们变得更加大胆，愿意进一步丰富和阐述他们的不同意见。

罗斯福的方法给人们以信心，好像拿到尚方宝剑一样，可以用最有力的论据来支持自己的立场。只有当人们把相互冲突的立场真诚而严谨地表述给他听之后，罗斯福才会下定决心。而这些发表意见的人都坚定地，当然也许是错误地相信总统是赞成他们的意见的。毫无疑问，罗斯福的顾问们在最终知晓了他的真实想法后，有时是会感到不安的。

罗斯福的做法很巧妙，因为在任何一届白宫政府中，总统的顾问们都极力想要把自己的怀疑埋在心底，对外塑造一个团结统一、相互支持的形象。退一步说，总统确实很忙，整个世界的担子都压在他的肩膀上，许多顾问不想让他太过烦恼或造成内部分歧。当然他们也希望总统欣赏和赞成他们的意见，而那些挑战总统的观点或其他顾问意见的人，可能就要冒招致排斥的风险。出于这个原因，一些白宫顾问往往更愿意和总统嗨聊。这种做法可以避免冲突和不快，却不符合总统、美国乃至整个世界的利益。当然，总统只有一个，属于特例，但有些共性的东西可以说在许多组织的老大那里都能找到。

魔鬼代言人的思路意味着对表达不同观点的“正式化”承诺。至少在一个众所周知的场景下，这个方法似乎是有效的。根据欧文·贾尼斯的描述，“在古巴导弹危机期间，肯尼迪总统赋予他的司法部长弟弟一项清晰明确的任务，扮演魔鬼代言人。这个做法看起来效果非常好，打破了过早形成的共识”——一个本来肯定会引发战争的共识。[134] 肯尼迪之后的各位总统是否以及何时也从类似的角色委派中获得了帮助，这个问题值得好好研究。

对于那些承担魔鬼代言人角色的人来说，这个角色的本质决定了他们能够免于承受由于抗拒群体内的主流立场而产生的社交压力。毕竟派给他们的任务就是去不折不扣地挑战主流观点。而且由于特别要求他们采取相反的立场，那些可以导致自缄的信息影响也干扰不了他们。

如果指令魔鬼代言人公开披露其掌握的信息，即使这些信息与群体内部的明显共识相反，隐情继续隐藏下去的可能性也会大为降低。在存在隐情风险的群体中，魔鬼代言人应该会发挥很大的帮助作用。对于那些寻求变得更加聪明善思的群体而言，任命魔鬼代言人也许不失为明智之举。

纸上谈兵，说的还挺多。不幸的是，我们不可能强烈支持这种方法，因为对小型群体的魔鬼代言人进行研究不能完全证明它的有效性。是的，有些证据表明魔鬼代言人会起帮助作用。[135] 许多实验也确实发现自发提出的反对意见可以提高群体的表现。[136]

但自发地表达异议和魔鬼代言人的正式要求之间是有区别的，指定一名魔鬼代言人对提高团队绩效表现的贡献其实小得多。原因之一是，任何这样的要求都是人为的（一种练习或游戏），并且群体成员意识到了这一事实。结果，魔鬼代言人仿佛只是在走过场，装样子。事实上，如果魔鬼代言人对群体共识的挑战谈不上真诚，群体成员也会相应地对其主张打折扣。最好的情况也就是魔鬼代言人可以帮助对手头的问题进行更加全面而深入的调查。[137]

由于任意选定的魔鬼代言人只是在演戏，并没有真正的内在动力来左右群体成员，争取他们的支持，所以即使其不受欢迎的观点被群体共识驳倒，魔鬼代言人也算是成功地完成了被赋予的任务。与自发形成的真诚异见者不同，魔鬼代言人几乎不会通过狂热地挑战主流观点获得任何收益，因此这种代言人往往不会积极主动地挑战共识。[138]

所以，我们的结论是，如果想让魔鬼代言人的做法发挥效果，那么就需要持异议者表达的确实是其真实想法。如果能做到这一点，那么就有可能做出更好的决策。如果做不到，魔鬼代言人的练习就会沦为纯粹的形式，毫无纠偏之力。从现有证据考虑，我们建议群体最好还是鼓励真正的异议，例如，分配角色给知识体系或视角各不相同的专家，比指定正式的、人为的持异议者要好得多。由在协商前发自内心地支持不同解决方案的群体成员组成的异议小组，还是可以解决一些隐情问题的。[139]

蓝军

另一种与任命魔鬼代言人有关，但根据现有研究更加有效的方式，被称为组建蓝军①。这种方法已经广泛应用于军事团队工作，但它还可以在包括商界和政界在内的很多领域找到用武之地。[140]实施任何计划，如果真的志存高远，想取得一番成绩，都可以从组建蓝军中受益。

组建蓝军，顾名思义，需要创建一个团队，由其负责批评或挫败主要团队的任务执行计划。蓝军有两种基本形式：一种是扮演敌手的角色，试图在模拟任务中击败主队；另一种与魔鬼代言人相同，得到的指令是针对提案或计划构建最有力的反建议。如果有不止一位持异议者被赋予了蓝军使命，那么即使是人为分配的角色，也可以强大到足以产生实质性的改进。这就好比是请来不止一位持异议者来提供社会证据，证明方案的有效性，至少也

① 美国一般将假想敌称为红军，我国则将假想敌称为蓝军。——译者注

能体现出异见观点的重要意义。焦虑型人士也能够发挥等同于蓝军的功能，有时他们会自愿加入蓝军来测试最坏的情景。

这种方法有多个版本，其应用遍及军队的各个部门和许多政府办公室（一些重要的政府法规有时会在非正式的蓝军帮助下进行评估）。在实业界，有些公司专门向其他公司提供蓝军服务，“白帽子黑客”就属于这种情况，企业付钱给他们，让他们尝试颠覆软件安全系统和攻破企业防火墙。

律师事务所内部长期以来就有预审（pretrial）的传统习惯，对法庭辩论进行测试，其效果与蓝军相当。在一些重要案件上，这种做法甚至可以到要从次要律师事务所聘请律师的程度，由他们组织和陈述案例来反对来自主要律师事务所的正方。通常情况下，这些对抗性测试会在组建模拟陪审团之前进行，以便让那些与做出最终法庭判决的人类似的公民用自己的眼睛来评估主要团队和蓝军的辩论是否成功。

组建蓝军的做法不可能包打天下，其成本和可行性也会因组织而异。但在许多情况下，组建蓝军确实是一个很好的主意，特别是当他们真心希望去发现错误，寻找漏洞，并且获得明确的激励来做到这一点的时候。

德尔菲法

有没有什么好办法，既可以掌握个人手中的信息并获得由此带来的收益，还可以支持各种学习，实现原本要通过协商促进的学习目的？为了克服社交影响，领导者可能会简单地要求人们匿名和独立地陈述他们的意见——也许在协商之前，以便让大家对每个人的个人意见心里有个数。不记名投票可以理解为使人们免受社交压力，并让他们得以坦承自己真实想法的一种做法。一些群体应该考虑更经常地使用不记名投票，因为这样做可以获得更多的信息。那么问题来了，群体应该如何处理不记名投票中产生的表决意见？

这个问题回答起来可不是一件轻松的事儿，不过可以考虑德尔菲法，一个汇总群体成员意见的正式流程。德尔菲法既可以通过计算机网络使用，也可以在传统会议中进行，它有几个关键特征。[141] 在许多实际应用中，这种方法只是某种形式的平均值求值，但需要用到一些社交学习（social learning）的技巧。

德尔菲法的工作原理是这样的。个人在完全匿名的情况下进行第一轮估计（或投票）。然后，重新进行一轮估计（或投票），但在统计上要求强制收敛，也就是说，第二轮个人投票结果必须落在第一轮估计范围的上下两个四分位数（25%—75%）之内。重复这一过程，直到群体成员收敛于某个单一估计点。虽然本质上这是一个社会平均值的求值过程，但是人们并不需要把算术平均数或中位数看得太重，因为每个人可以使用同事们此前的估计值分布来判断他们新的投票结果。所以，与数值计算相比，这个过程允许非常自信（或顽固）的投票者对最终结果施加更大的影响。

德尔菲法的历史很有传奇色彩。它的发明者是兰德公司，用于帮助进行冷战情景下的军事和外交分析。最初它被用于预测军事技术的发展，判断对手在战略外交谈判或战争中的行动。与兰德的许多发明一样，德尔菲法的应用已经转向和平时期的问题预测，通常涉及从政治（如政权轮换、选举结果）到实业（如销售量、失业率）的各类事件。在最近的一些应用中，德尔菲法用于促进信息共享，而不是就估计结果或解决方案强制达成共识。例如，有一项应用就制订中南美洲国际网基通信系统的发展方案征求了 1000 多份建言。[142]

德尔菲法有一些很重要的优点。首先，它确保所有成员在开始的时候处于匿名状态，是完全纯粹的个人观点表达。匿名就是为了“减少社交压力的影响，无论是来自主导话语权的人，还是固执己见的教条分子，抑或是少数服从多数的做法”。[143] 其次，它给人们提供了就他人观点表达反馈意见的机会。群体成员允许沟通——有时是全面的沟通，但有时只针对其最终结论。匿名给出的结论通常由协调者提供给他人，有时以所有答复的统计概要或表格（直方图）等形式提供。因此，“反馈包括所有群体成员的意见和判断，而不仅仅是声音最大的人”。[144] 在进行相关沟通之后，群组成员再次进行判断，并接受新的统计汇总。

德尔菲法在多种环境中都有不错的表现。[145] 对于通识类问题，该方法可以获得比单独估计更好的答案（尽管开放式讨论的效果仍然更胜一筹），显然是因为可以使用它纠正错误。[146] 在这里请注意，当成员不仅能够获得平均值或中值估计值，还能了解群体成员观点的依据时，德尔菲法会更成功。[147] 对这些原因的分析大大提高了人们最终揭示正确答案的可能性。[148] 在使用德尔菲法时还可以很容易融入新的技术。

在一次实验中，人们根据要求评估特定的身高和体重，并说出具有这些身高和体重的人更有可能是男性还是女性。[149] 协商型群体在这个任务上的表现不及统计型群体，而且协商型群体往往做得更糟（回忆第 1 章的内容，统计型群体是群体成员在做出决定之前不与其他成员交换意见的群体；取而代之的是将成员的解决方案进行客观结合——通常要使用数学方程）。但是实验的设计者们尝试了第三种汇总观点的方法，也是一个接近德尔菲法的方法。这种方法要求人们最初先进行个人估计，经过一段时间的讨论之后，再要求人们做出最终估计，结果他们成为最成功的群体。估计—讨论—再估计的方法虽然简单，却从根本上减少了错误。

德尔菲法的自然替代就是建立一套系统，其最终判断以匿名表述，但一定要在协商之后做出。在前期讨论和得出最终结论的过程中保持匿名，将使群体成员免于声誉压力，并在一定程度上减少自缄的现象。智慧群体应该尝试使用德尔菲法，或者至少使用不那么正式的变体。他们不必纠结于对德尔菲法细节的恪守，在具体操作时，也不用那么正式，可以在保持一定程度的初始匿名性的同时，提供一些讨论空间。

我们在本章介绍了许多方法，有的相对简单，有的则更为正式。证据表明，这些方法都可以使群体变得更聪明、更善于思考。管理者不应该成为人见人烦的异类，但他们有责任打消人们的自满情绪，鼓励群体多花一些时间研究最坏情景。我们列举的所有方法，都可以被看作努力让群体少一点盲目的穷开心。我们自己的体会是，角色分配的前景颇有独到之处，应该比现在得到更加广泛的应用。当然，角色分配的目的不是做游戏，而是一项严肃认真的工作。

点球成金

我们曾经提到过迈克尔·刘易斯的《点球成金》，这本书证明了统计分析的结果要好于在直觉、八卦逸事和经验的基础上做出的判断。本章的重点是如何提高群体的表现，但我们最终也要强调一点，即尽可能依靠数据和证据具有非常重要的意义。在联邦政府内部，成本效益分析已成为须臾不离的必备工具，对纠正个体和群体错误发挥着重要作用。如果能够获得和分析数据，你就可以基本克服我们已经发现的大多数问题，因为我们的许多问题的根源都在于同现实失去联系。似乎没有什么能比实证证据（empirical evidence），尤其是以数据和数字形式提供的实证证据更能让讨论与现实紧密联系起来，打消那些一厢情愿的如意算盘和充满偏见的无端猜测。

第 7 章

团队决策方案分两步：识别和选择

有些时候，决策或解决问题的过程需要批判性思维——把没用的杂质筛选掉，集中力量探索最佳解决方案。但在其他场合，可能就需要一个更有创意，更加开放，批判性不那么强的方法。多年来，我们一直与各方积极努力，心无旁骛地分析相关行为研究的成果，而我们得出的结论是，将整个过程分为两个阶段，可以对如何加强群体工作这个问题获得宝贵的、更加深入的认识和了解。我们在前面对此已有简单述及，现在，我们准备详细地论述一下这个问题，应该如何对每一个解决问题过程的发散和收敛阶段进行分解、实施和优化。

在某些情况下，群体会从一组可能的解决方案入手，剩下的任务是从这一组方案中选择最佳解决方案。但是，群体往往不得不去解决一个更加复杂的问题。在这种情况下，如何识别潜在解决方案，成为群体面临的最重要的挑战。在挑选出最佳解决方案之前，群体必须先找出这些解决方案并将其分类汇总。在实践中，通常最好是将这一庞大的工作过程分为两个阶段——识别和选择。此外，这两个阶段每一阶段的强化条件也都不一样。流程设计是否有效，取决于人们是否清楚每个阶段何时开始，以及如何做好准备以应对优化每个阶段的不同条件。

我们在前文讨论的大部分内容都与创新和搜索有关，而不仅仅是选择最佳解决方案。例如，组建蓝军和角色分配两种方法的综合运用可以把群体最初忽视的解决方案凸显出来，并协助评估和选择已经确定的决策。在本章中，我们对解决方案的识别和选择进行了重点区分，并着重探讨群体应该如何应对这两大任务的问题。

识别和选择的区别

识别和选择的两阶段流程有许多名称。它是达尔文生物进化理论的重要机制，哲学家将其称为广义达尔文主义（universal Darwinism）或进化认识论（evolutionary epistemology），心理学家称其为试错学习法。[150] 这些标签指代的一般就是同一套两阶段流程，以最开始使用这一流程理论的进化论阐述得最为清楚透彻。

在物种进化的过程中，生物会在繁殖中经过遗传重组和突变机制发生若干变化，然后由环境选择最适合生存的生物。这些“解决方案”，也就是这些适者生存的生物，再通过其遗传密码将生存基因传递给下一代。这个循环就这样一代又一代地重复下去。最终，经过两阶段流程——生成（我们在群体流程的讨论中称之为“识别”）新的生物，然后再从新一代中挑选最适合的生物——的多次重复之后，进化会将不适应环境的生物“选择出来”加以淘汰。结果就是“适者生存”，通常就是“接近最优解”的生物。

识别和选择流程也是现代计算机科学中机器学习领域的基本机制，但在计算机领域，这个流程被称为遗传算法（genetic algorithm）。[151] 当需要进行复杂学习时，假设已经编写了一个程序来搜索某个复杂的数学空间以求解方程，先建立求解的基本模板，然后程序会随机尝试各种数值。当随机程序生成的数值更接近问题定义的目标值时，该近似解的元素被重新加扰，然后再次测试。更接近目标的解被再次保留，重新加扰，失败的解则弃置一边。这种识别（通过加扰先前的良好解决方案）和选择的循环会持续数千次试验（代），直到找到最优解。探索如何改进这种识别和选择的流程是当今计算机科学的主要研究计划之一。在许多突破性的数据挖掘应用中，都应用了这种遗传算法机器学习法，以便在大型数据集中寻找解题思路。

同样还是这些理念，也是个人创造力和概念学习等心理学理论必不可少的要素。在 IDEO、Eureka！ Ranch 以及其他许多向企业销售创新流程的公司中，每天都会用到各种各样的两阶段流程实用方法。[152] 这些公司所使用的创新秘诀，核心就是这个两阶段流程：通过头脑风暴来生成新的解决方案，然后进行严格评估，从第一阶段确定的那些候选对象中选择最佳解决方案。

决策群体没有时间进行成千上万次机器学习模拟或完成成千上万次生物世代交替，但他们可以通过两阶段流程的循环操作，进行一次、两次、三次识别和选择。如果条件适宜，甚至只要把这两个相互独立的阶段完整地走过一遍，就可以获得很多凝结了集体智慧结晶的解决方案，而且这些方案还要好于问题解决高手或多谋善断之士凭一己之力实现的结果。

识别阶段侧重于解决如何生成多个替代解决方案的问题，但不会花费大量时间对这些方案进行评估，自缚手脚。识别阶段需要搜索各种各样的解决方案，并将其添加到可行方案集合中供大家考虑（一家电脑游戏制造商搜索最前沿的虚拟现实系统，并收购制造它的公司）。或者，也可以依赖于对当前设计的细化或者对几项成功的现有设计进行集成（苹果 iPhone 手机就是对许多新锐手机功能进行精致组合，微调每一项功能至臻化境，然后再集成为一款主流产品）。最后，这个阶段还可以通过发明创造来提供新的解决方案（某家电制造商花费数亿美元重新设计其产品使用的电动马达，发明了一款功率更大，重量仅为老型号 1/10 的新发动机，而且是以电磁脉冲原理工作，不使用旋转电刷）。对于几乎任何一个问题解决系统来说，将选择与识别分隔开来都不失为明智之举，因为选择强调的是关键评价，而识别的最佳态度是不加评判，来者不拒。一个好的选择流程，就应该能够以批判、焦虑和怀疑的态度做出评价，但这些特点恰恰与识别流程所要求的创造性、开放性和发散性截然对立。

为了把识别和选择两阶段流程的工作环境讲清楚，让我们举个例子，设想有一家公司想要推出一款新的社交网络产品。这肯定是一个雄心勃勃的想法，也许有点异想天开，但还是拜托各位再忍我们一小会儿吧。

那么群体该如何解决第一个问题，识别可能的，将在第二个选择阶段进行评估的社交网站解决方案？互联网上有很多社交网站的例子，识别阶段最好从搜索现有解决方案入手。通过快速搜索可以找到许多网站：Myspace、脸谱网（Facebook）、Google+、LinkedIn、推特（Twitter）、Meetup、VK 和 Pinterest。

对于有些公司来说，现有网站可能就是最好的解决方案。如果公司拥有丰富的资源，它可以识别现有的解决方案，然后收购它。我们每天都能在商业新闻中看到这类报道，谷歌、脸谱网、微软和 IBM 将小型创新公司收入囊中。对于我们示例中的这家公司来说，识别阶段只需要发现尽可能多的合适候选网站就可以了。然后把这些候选对象交由选择阶段，参考公司的理想网站标准进行严格审查，最后确定候选集合中的现有最佳网站并收购它。

如果使用搜索作为解决识别阶段的方法，那么搜索一定要做到范围广泛、兼容并包，这一点很重要。你可以使用许多相互独立的线索或在多个方向上对潜在解决方案进行大范围搜索，以此实现广泛性和包容性。多次搜索、独立的搜索人员以及多样化搜索都是可以在识别阶段使用的好办法。

识别阶段的第二种方法是对现有网站进行改进或重新设计。这可能意味着模仿其他一些现有网站，可能要进行一些修改，有时是小修小补，有时动静可能更大，最后产生创新性的解决方案。这种找出现有好的解决方案，然后对其进行改进或者取其精华搭配组合为我所用的做法，正是创造力之路的精髓所在。例如，一本名叫《为什么不？》的书，就对如何增强个人创造力提出了颇有见地的主张，强调运用类比法，将解决方案从一种背景环境移植到另一种背景环境下。[153]

如果某一档电视节目在丹麦大获成功，可以考虑能不能把同一个故事再做一个美国版。如果有一种办法能够帮你在欧洲住酒店的时候努力省钱，那么可以换到美国汽车旅馆试试灵不灵。我们假设的项目，则可以拿 LinkedIn 作为例子。这个流行（当然也很烦人）网站专门面向职场人士和专业人员，满足其用户有关职业发展和员工招聘的需求。创造的过程可以考虑在原有网站的基础上再做一些变化，比如成为某个具体职业的社交网络，也许可以成为服务于专业运动员的职业社交网站。网站可以提供特色服务，满足这项职业的特殊需求：对那些寻找赞助商的运动员进行比赛成绩验证，为寻找新运动员的赞助商，以及寻找学生的教练和训练中心提供联系方式，等等。

第三种识别方法是发明一种尚未被任何其他网站使用的新解决方案。例如，家庭是最基本的人类社会群体。那么做一个网站把家庭成员联系在一起，提供面向家庭的档案库（相册、食谱文件、自传和医疗记录）和服务（家谱分析、婚礼策划），并通过血缘上的联系建立新的人际关系，吸引新的成员，这个点子怎么样？

当然，许多最初的解决方案都是草率的，考虑不周，乍一看容易被毙。其他方案之所以被毙，是因为它们只是某些问题的对症良药，却不适于解决公司正在设法解决的问题。但如果初始识别流程是多产的、富有成效的，那么就会有很多可行的，甚至是接近最优解的解决方案留给人们去考虑。识别阶段的重要特征就是它会生成许多相关的解决方案。

然后这些解决方案进入选择阶段。在选择过程中，群体成员会严格评估各项解决方案，从中选择最好的一个。群体成员一般会先了解解决方案的优劣标准，然后再进行选择。如上所述，识别阶段提供的许多候选方案都很容易被毙掉，但往往也会给人惊喜，某个不显山、不露水的解决方案一下子成为最适合的或最好的方案。

回到我们的例子，也许我们虚构的公司正在寻找策略，吸引脸谱网用户离开这家主流网站。也许经过严格审查后，以家庭为导向的网站成为最有希望的解决方案。这样的网站可以把脸谱网上最不活跃的那部分人口——父母和祖父母——作为主攻方向。

而且它对年轻的脸谱网用户可能也有吸引力，因为随着大家年龄渐长，也开始为人父母，就会对面向家庭的社交联系更感兴趣。说正经的，我们可不认为自己在这里攒了一个脸谱网终结者出来（虽然认真想一想，面向家庭的网站可能也不是一个坏主意），我们只是以社交网站的问题为例，说明识别和选择机制是如何运转的。

这种两阶段方法的成功秘诀之一，是在你还没有开始识别解决方案之前，就为解决方案确定好“成功”的标准。在识别阶段，你要将标准牢记在心中，以一种微妙、下意识的方式来指导整个进程，找到或产生更好的候选对象。而且，在选择阶段必须要为良好的解决方案设定标准。这里面有一个微妙的平衡。在识别阶段就对候选解决方案进行广泛评估，固然会搞乱整个流程，但是完全无视这些标准也会产生一大堆毫无价值的候选方案。

有关两阶段决策的指引

像 IDEO 这样的创新公司似乎恰恰是以协商型群体面对面沟通的方式达到了这种平衡。在整个流程开始前，它们会先对客户有关某一特殊解决方案的标准进行彻底审核，然后让这些标准淡化，融入意识背景（background of consciousness），留在群体协商进程的外围，不去干扰解决方案的产生。在选择阶段，它们重新恢复各种目标，对确定的解决方案进行严格评估。

在识别阶段，多样性、独立性和多元化的重要性，要胜过系统性聚焦，甚至分析推理。显然，具有不同观点、不同知识基础、不同技能的团队——简称为多元化团队——更有可能生成大量不同的候选解决方案。如果以搜索作为识别解决方案的方法，广泛的搜索效果会更好。关于识别，这里有一些重要的指引。

1. 首先要设定明确的目标和标准，稍后将用于评估解决方案。如前所述，这样做可以巧妙地引导思路，使相关解决方案不会过于超出目标界定的可接受解决方案的范围。

2. 把识别与选择彻底隔绝开来。重要的是在识别阶段阻止那些不当的批评和评价，把这些工作留到后面的选择阶段去做。

3. 开始群体流程（讨论、基于网络的信息归集），所有个体都提出自己最好的解决方案或者还不能称之为解决方案的最佳构想，然后进行群体协商，并在协商间隙提供一些时间供个体进行反思，在其原有方案的基础上，结合其他人贡献的创意，激发创建新的解决方案。

4. 在识别阶段促进各种解决方案的生成——不仅每个人要多想，个体之间也要多交流。在有些场合，如果贡献是匿名的，反倒能够促进多样性，因为这就避免了妨碍严格分析的各种社交影响。

5. 采用多种方式，记录和记忆在识别阶段产生的解决方案。群体通常使用活动挂图、便利贴式的创意标签或电子文件。创新公司也可以使用视觉提醒（visual reminder）等有效方式。

选择阶段的指引看上去则有很大不同。

1. 审核最佳解决方案的标准，如有必要，计划对识别阶段产生的解决方案进行具体操作测试。在有些情况下，最好向流程中添加新的群体成员，他们更接近组织的主要领导，而且和大家不一样的地方在于，他们更加侧重于团队或组织的使命和最终目标。在其他时候，最佳方法可能需要咨询一下流程最终产品的用户，例如，使用或消费解决方案的客户，受法规影响的公民或者能够接触解决方案的实施和后果的其他人（参见第 12 章）。

2. 不要让地位、饶舌以及对反馈来源的偏好等不相关的社交因素影响评估，导致偏差。这再次意味着匿名流程（例如，秘密投票）是最有效的流程。

3. 以最终拍板钉钉的方式将（独立）个体评估结合成为可以为大家所接受的共识。

把选择阶段的第二条和第三条要求结合起来不是一件容易的事，因此需要使用一些巧妙的办法。例如，投票系统和市场机制在设计上要有防止篡改的考虑（难以用不诚实的投票策略来操纵，对于泡沫和“庄家”有抵抗能力），以保护少数人的利益，并且最大限度地扩大决策的支持面，即使是那些被决策结果剥夺了权利的人，也愿意接受它并支持其实施。[154] 同样，有效的项目审核程序需要审核小组成员的多样性和代表性，同时实际审核流程一定要保密（并且绝对不受任何不可告人的目的影响）。

将指引付诸实践

上面讲的都太抽象了，让我们来看几个具体的例子。

AllOurIdeas.org 是一个研究工具，试图使用调查的方式来研究“群体智慧”，引起了众多公共和私人机构的高度关注。仅举一例，联合国可持续发展司就曾利用这一众包工具询问民众应优先考虑哪些问题。

AllOurIdeas 的工作原理很简单。首先，人们会看到一对选项，并要求回答选择哪一项。例如，重点是应该放在“正确地认识 GDP（国内生产总值）”上，还是放在“世界卫生组织设定的空气质量标准”上。人们要在两者之间做出选择。决定之后，再向他们提供另一对选项，然后再一对。所有这些选项都来自一个更大的预先存在的选项集。用户也可以添加自己的想法，然后列出来供后来的浏览者评估。答案的排序也有讲究，是根据与随机替代答案相比，决定人选择这一答案的概率来确定的。

你应该能够看到，AllOurIdeas 就是通过促进识别（人们可以添加他们自己的想法）和选择（人们做出选择）来发挥作用的。事实上，这个网站的设计者，普林斯顿大学具有开创意义的社会学家马修·萨尔加尼克也向我们说过，他确实是在想办法同时促进两个目标的完成。关于本书的书名，我们的出版商提出了 9 个想法，参与调查的人又增加了另外 9 个。书名调查收到 2000 多票。我们最终选择的名称并不在最开始的那份清单上。有人提了新的建议，排名靠前，我们喜欢，就用了它，就这么简单。AllOurIdeas显然找到了一种聪明的方式，把识别和选择结合在一起。

这家网站有很多成功案例，并且随着时间的推移成功案例的数量还在增长。例如，全球非政府组织天主教救济会（Catholic Relief Services），就利用该网站为全球招聘和职业发展制定新的指引。

出于好玩儿，当然也是想测试一下，我们也在AllOurIdeas.org上增加了一项新的调查，请人们判断美国最严重的空气污染问题是什么。我们的候选对象包括颗粒物、苯、砷、臭氧、二氧化碳和一氧化碳。在我们以及大多数专家看来，颗粒物本来应该排在榜首，二氧化碳（最主要的温室气体）则有很强的竞争潜力。但是“颗粒物”这个词不一定能引发强烈的反应，而我们又有点儿戏谑似增加了砷。砷不是一种严重的空气污染物，但大气环境中有砷的想法肯定也不受待见。超过200人参加了调查，大出我们意料的是，颗粒物排在第一位，二氧化碳排放名列第二，砷排在最后。看来群众里面确实有一些明白人。

公司经常使用头脑风暴法（不管是自己来做，还是外包给服务供应商）来识别和选择好的解决方案，解决当前问题。像IDEO和Eureka! Ranch这样的企业已经报告了它们的许多创新方法。[155] IDEO将我们所谓的识别和选择机制贴上了创新漏斗（innovation funnel）的标签：以博大而开放的心态开始整个进程，通过发散性思维生成或识别许多解决方案（IDEO称之为“深潜”），然后挑选出好的解决方案，逐步归结于一两个获胜的解决方案。这一流程还包括第三阶段，以最初中标的解决方案为基础，经过小试、修改和集成，生成最终实施的解决方案。

在 IDEO，识别阶段通过以下步骤完成：（1）与客户会谈，评估理想解决方案的目标和局限性；（2）反复进行社会头脑风暴的过程，解决方案由独立生成到共享交流，最后通过建设性的、不加评判的、社会"裁减"的过程"构建"成功；（3）持续跟踪解决方案。选择阶段也包括三个步骤：（1）审核目标，有时还要增加额外的以目标为侧重点的成员；（2）参照标准或目标严格评估每个解决方案；（3）通常以简单的多数表决方式选择中标方案。但有时只有团队或客户公司的高级成员参与最终评估和投票，他们也是对良好解决方案的目标和标准最了解、最关心的那部分人。

许多商业创新程序都设计了第三阶段——设计实现（design implementation）。在这一阶段，通过识别和选择机制脱颖而出的最佳解决方案进行原型试制、测试和改进，直至最终拍板定案。请注意，许多来自苹果和微软等公司的最受欢迎的创新，其实基本只是最终完善和实施阶段的结果。从许多重要的方面来说，iPod、iPhone 和 iPad 都是充分"发明过"的东西，然后这些项目被苹果公司采纳，并由苹果的设计和工程人员进行改进，最终形成用户友好性大幅提升的版本。

这种做法没有什么可笑的，但苹果创造这些产品的概念也是不完全准确的。苹果的工作，是从许多类似产品的广泛选择中挑选特色功能，然后将它们组合在一起，并将其改进成更优雅、更可用、更激发消费者购买欲望的目标产品。

识别和选择流程如何减少偏差

在第 2 章，我们提供了许多偏差破坏群体表现的例子。幸运的是，有效的识别和选择流程可以减少这些偏差的影响。

有些偏差与各种形式的短视（myopia）有关——搜集的信息少到可怜或者过度关注少数几条信息。广泛的开放思维式的识别阶段可以消除这些问题。以可得性偏差为例，这是一种过度关注某一突出线索或信息项的偏差。有效识别阶段——群体研究不止一项解决方案，而且会搜集与多个选项有关的信息——可能减少和消除可得性偏差的影响，特别是当该群体内部存在某种多样性的时候。

框架效应也是一种封闭思维的形式。如果群体中的每个人都使用同一种框架看待某个问题，那么这个群体的决策可能就会放大从这一视角产生的任何偏差。框架是导致群体极化的一种微观机理。经过强化的识别阶段可以增加将另一种观点引入讨论的机会，从而降低极化的倾向性。

如果以开放式的、没有确定答案的群体进程开始，还可以减少确认偏差（confirmation bias）。将两个阶段分离并对识别阶段进行强化，应该会进一步提高表现。显然，严格的识别过程将减少或消除自我中心偏差，因为只有当首先出现群体迷思和过度从众的迹象时，自我中心偏差才有可能在群体层面存在。事后诸葛偏差可以被视为对实际发生结果的短视性强调，使得人们难以重新获得对各种替代可能性的广泛认知，因为这种认知是以正视现实、面向未来的视角为特征的。在这里，开放的、不受约束的群体讨论减少了偏差。经过改进的识别阶段甚至可以发挥更大的帮助作用。

规划谬误也是一种短视的表现，只不过更多侧重于简化了的情景而已。我们仍然可以通过严格的识别阶段将焦点从一种情景转向更加复杂的形势描述。如果发挥到极致，严格的识别技术甚至还可以同时改变总体策略，从所谓的内部视角转为与相关案例进行比较，即外部视角。[156]

执行单独和严格的第二阶段进行选择，还可以减少一些判断偏差，特别是那些由于对行动的后果和目的思考不全面而导致的偏差。重要的是，以未来为导向的分析的全面应用，可以抵消对濒于失败的战略追加投入或死守沉没成本不愿止损的倾向。

当然，我们也承认，有些偏差是不太可能被两阶段流程削弱的，哪怕这个流程经过了强化，其中包括由代表性启发或相似思维（similarity-based thinking）导致的偏差。这种强大的、直觉性的习惯不能简单地归结为短视思维的问题，而且不容易用更加系统的评价来解决。我们知道的唯一补救办法是加强分析和统计推理方面的培训。通过提高个人的专业知识和组织文化，促进逻辑的、基于数据的论证，我们还是有希望防止这类启发出现的。

成本－效益分析

到底什么才算是更系统的评价？我们的观点是，系统评价应该基于更多的分析思维和数据。在联邦政府内部，系统评价有一个特定的名称：成本－效益分析。里根总统在 1981 年就要求对监管决策进行这样的分析。他特别指出，在法律允许的范围内，除非效益超过成本，除非所选定的方法实现了“净效益的最大化”，否则监管机构就不要制订规章进行监管。

所谓“净效益最大化”的要求也就意味着，即使政府机构确定了一种收益超过成本的方法，该机构也必须调查是否还有另外一种方法能够产生更高的净收益。里根的理念应用极为广泛，覆盖了方方面面的监管规章，从保护环境，提高食品安全，减少高速公路和航空风险，到促进保健，改善移民政策，影响能源供应乃至加强国土安全。显然，里根的方法赢得了两党的一致拥护，成本与效益平衡和净效益最大化的要求已经成为美国政府治国经验的一部分。

桑斯坦在 OIRA 的工作很大一部分是促进这些要求得到执行。在联邦政府内部，成本与效益平衡是防止行为偏差不可或缺的保障。例如，假设最近发生了恶性事件，例如，食物中毒之类的事件，人们自然而然就会倾向于以加强监管作为回应。但是提高监管要求能够做得很好吗？它会花多少钱？成本 – 效益分析则会让众人关注的焦点集中到正确的问题上。

桑斯坦在政府工作时，一位总统内阁成员曾经问他："卡斯，你如何给一条人命明码标价？"这个问题问得很刁钻，但经济学家其实是有答案的（我们不给你细节，但是这个数大约是 900 万美元。如果这种说法看起来很让人不舒服，那么也可以换一个更好的角度来思考这个问题：政府为使死亡风险下降十万分之一而愿意付出的成本大概是 90 美元左右。原因是，有证据表明，这笔钱是一般人愿意为死亡风险下降同等程度花费的金额）。无论答案是否正确，任何政府都不能或不会花费无限的资金来拯救一条生命——这意味着权衡取舍是不可避免的。我们需要做出正确的抉择。

在政府内部，成本 – 效益分析不可或缺的保障作用针对的不仅是个人偏见，还包括群体错误。如果人们容易出现可得性偏差，并因此变成惊弓之鸟（因为最近发生的灾难）或过于自满（因为没有发生这种事件），就可以通过成本 – 效益分析严肃纪律，抵消偏见。如果群体极化导致人们采取极端行动或无所作为，也可以通过成本 – 效益分析强化现状核查（reality check）。成本 – 效益分析还能提供数据，可以削弱任何特定框架效应的影响。成本 – 效益分析一次又一次地扮演着安全门的角色，检查发现个体误差以及更大的，甚至是悲剧性的群体层面的错误，从而使人们感到更加安全，经济效率大为提高。

使用成本－效益分析的最佳例证一般当属随机对照实验。在随机对照实验中，研究人员改变一组人的状况，并将结果与其他类似人群的结果进行比较。当然，随机实验在医学领域的地位最高，堪称金科玉律，因为只有通过随机实验才能让我们知道哪种治疗是真正有效的。现在，政策分析人员也开始越来越多地使用这样的试验，例如，对塑料袋收费是否真能减少塑料袋的使用，或者减少手机使用是否对道路交通安全产生有益影响，或者当人们获知卡路里数值时，饮食习惯是否会改变，改变到什么程度。对于企业来说，随机对照实验也很常见，可以提供大量关于产品和创新的信息。我们应该期望未来这样的实验越多越好——不止是因为随机对照实验有希望解决与群体决策有关的一些问题。

虽然成本－效益分析不是本书的主要议题，但必须强调的是，对于私营和公共部门，这种形式的分析越来越可行，而且往往在选择阶段能够发挥最大的保障作用。来自随机实验的大数据可以提供关于成本和收益的大量信息，例如，关于消费者可能做出的反应以及有可能出现的惊喜。无论是个体层面，还是群体层面，对行为偏差的最好检查就是系统化地了解事实。“点球成金”在棒球领域早已大行其道，我们马上会看到它在医学、商业和政府工作方面释放自己的潜力。

第 8 章

团队何时是智慧的

我们注意到，在许多问题上，群体成员的平均或多数观点结果总是极其准确。一个原因是，通过轮询（polling）所有成员意见，同时避免社交影响，群体能够非常有效地利用信息。如果群体是多元化的，并且判断是独立的，就能汇集很多信息。

想象一下，一家公司正试图预测下一年度某些产品的销售额。也许公司需要非常精确的预测，以便知道需要在广告和促销上花多少钱。轮询其销售人员，取平均值，算不算是最好的办法呢？[157] 或者，假设某位公职人员正在决定是否启动一项新计划，寄希望于该计划能够减少失业。她是不是应该征求一下顾问们的意见，取平均答案作为决策依据？

包括大多数高管在内的许多人都会说："不！为什么只满足于一个平均答案呢？我们想要最好的答案。"但是，往往这种事后诸葛式的、幻想自己全知全能的观点其实是错误的。问题在于，事前看去，在做出判决之前，没有人知道哪个个体手里有最好的答案。事后看来，答案似乎又太容易。"我们刚才就应该相信弗雷德，他的答案是对的。"但是，在答案揭晓之前，当然没有人知道弗雷德会是对的。我们会在第 9 章再来讨论这个唯专家马首是瞻的坏习惯。

孔多塞陪审团定理和大数法则

想要理解为什么群体平均数和少数服从多数原则的判断会如此准确，我们不妨追溯悠久的历史传统，从中寻找答案。孔多塞陪审团定理（Condorcet Jury Theorem）基本上可以回答这个问题。[158] 这一定理以历史上最伟大的社会理论家之一孔多塞侯爵（Marquis de Condorcet）之名命名。他在 18 世纪仅仅使用了一点点数学知识就获得了一些非常重要的研究成果。孔多塞尤其感兴趣的是群体如何汇总个人的判断。在法国大革命时期，孔多塞痴迷于解答一个问题，即如何证明从独裁君主制转变为民主制的正当性。以"人民的声音"实施统治，怎么证明就是合理的呢？

我们先来看看陪审团定理是怎么一回事儿。假设群体成员都回答同一个问题，有两个可能的答案，一个是错的，一个是对的。

再假设每个成员正确回答的概率超过 50%。陪审团定理认为，正确答案的概率，按群体大多数计算，会随着群体规模的扩大而逐渐接近 100%。甚至回答正确的成员只是比回答错误的成员稍微多一点点，以个体计算远远不到 100% 的程度，这个结果也成立。其核心要点在于，群体将比个人做得更好，并且大群体比小群体更好，只要满足两个前提条件：运用少数服从多数原则，并且每一名群体成员更有可能是正确的。

定理本身不是很直观，但可以通过一些很简单的算术来证明。例如，假设雇主指定了一个三人小组，每个成员有 67% 的正确概率。多数投票选择正确答案的概率为 74%。只要每个成员更有可能是正确的，那么随着小组规模的扩大，这个概率就会逐步提高。应当清楚的是，只要运用少数服从多数原则，随着个体成员回答正确的可能性增加（例如，从 60% 增加到 70%），整个群体回答正确的可能性也会增加。如果群体成员正确的可能性达到 80%，并且整个群体包含十个或更多的人，那么大多数人回答正确的概率就会非常接近 100%。

陪审团定理的重要性在于，它证明只要不涉及协商，并且群体是纯粹的统计（对成员进行独立轮询，彼此之间没有影响），他们就可能比个人做得更好。此外，如果使用少数服从多数原则，并且如果每个人都更有可能是正确的，那么大群体也会比小群体做得更好。这一定理适用于各种群体决策，包括企业、宗教组织，当然还有政治机构。

孔多塞陪审团定理本质上是一个非常普通的统计原理，只不过更加具体：大数法则（law of large numbers）。大数法则的基本思想是，如果输入的数据本身具有某种真谛（kernel of truth）（就陪审团定理而言，个体更有可能正确而非错误），并且如果它们是相对独立的，那么输入的数据越多，平均答案或多数答案就更准确。这正是弗朗西斯·高尔顿在孔多塞大约一个世纪之后得到的结论（我们在第1章提到过高尔顿的研究）。有趣的是，高尔顿也积极投身于“群众”何时可谓智慧这一哲学问题的研究［他的论文题为《民意》（Vox Populi）］。虽然高尔顿本人算是一个精英主义者，但他对平均估计值的准确性也感到惊讶。[159] 我们已经提过他对赶集民众估算获奖肉牛重量的研究，平均值与实际重量相差不到两磅，而高尔顿出于数学原因而偏爱的测量手段“中位数”差距则在十磅之内，并且两拨人的估计值都让最接近的个人估计值相形见绌。

除了大量个体估计带来的收益，不同的观点或证据也能促进答案或解决方案的完善提高。这种多样性是非常重要的，而且几乎肯定会提高所选择或计算得出的解决方案的质量。

在估算数值答案的情况下，很容易体会到多样性的价值。在进行单一值估算时，样本的关键性质是估算本身不偏不倚，而且高于或低于实际值的可能性是一样的。如果个体估算“括住”（bracket）真值，那么在计算平均值时，任何程度的变异性都可以得到校正，并且误差可以相互抵消。[160]

为了证明这一点，我们需要用一点算术知识。[161] 请估计联合国成员国的数量。假设有两个人估计，一人估计有 250 个，另一人估计有150个（2014年的正确答案是192个）。这两个估计值“括住”了真值，250 比真值多了 58，而 150 则少了 42。因此，它们的绝对误差（个体估计值和真值之间的差）分别为 58 和 42，平均个体误差为 50，即（58 + 42）/ 2。

但是，从两个估计值的平均值，也就是 200 来看，其绝对误差则要低得多，仅为 8。如果估计值括住了真值，平均估计值的误差将始终低于个体估计值的平均误差。也就是说，如果个体估计值（两个或更多）括住真值，估计的平均值就会比个体估计值（应该与个体误差的平均值进行比较）更准确。

现在，如果个体估计值没有括住真值，即都在真值的同一侧（不是太高就是太低），情况又会怎样呢？在这种情况下，平均估计值的误差将总是等于个体误差的平均值，但不会更糟。在联合国的例子中，假设个体估计值分别为 200 和 250（都太高，两者都在真值的同一侧）。个体误差则分别是 8 和 58，个体误差的平均值将是 33，等于平均值的误差（平均值为 225，该平均值的误差为 225–192 = 33）。

结论是，如果个体估计值括住真值，平均估计值一般更准确（误差更小）；如果所有个体估计值都过高或过低，则平均估计值与个体估计的平均值相等。因此，平均值一般再不济也不会次于典型的、有代表性的个体估计值。如果估计的背景资料、视角或获得答案的策略各不相同，那么这些来自不同渠道的估计值显然会使括住真值变得更加可能。这一原理更加平白的表达版本是有关三角测量可以有效确定事实或程序有效性的直觉认知。如果不同的分析链或独立的证据来源都收敛于某一个答案，那么该答案更有可能是正确的。[162]

但是如果群体的估计者做不到多样性呢？答案是，群体的平均值通常仍然可以击败大多数个体估计值，但平均值的优势会被削弱。因为在这种情况下，在样本真正多样性，多次括住真值时所获得的消除误差的能力全部丧失掉了。但是，即使平均值有偏差，也不比典型的（也存在偏差）个体估计值偏差更大。

缺乏多样性的不利之处（个体估计之间存在相互依赖的关系）会因估计者彼此沟通或寻求附加信息而变得更加严重。然后，我们看到极化效应开始出现，个体会被禁锢在自证（self-confirmatory）讨论的死循环之中，导致整个群体甚至比个体估计不受讨论制约时还要偏颇。

大量的数字

在被我们称为统计型群体的集体环境中，孔多塞的几种严格假设都可以得到满足。事实上，这些假设在统计型群体中得到满足的可能性要高于协商型群体。孔多塞假设：（1）人们不会受到其表决投票是否具有决定意义的影响；（2）人们不会受到个体投票的相互影响；（3）某一个群体成员是否正确的概率，在统计上与另一个群体成员是否正确的概率无关。[163]

前两种假设明显适用于统计型群体，例如，对罐中豆子的数量、获奖牲畜的重量或新产品购买数量的评估。人们不知道别人在说什么，因此他们不会受到社交压力的影响，不需要迎合群体中的其他成员。第三种假设可能成立，也可能不成立。那些接受过类似培训或密切合作的人很可能会以相同的方式看待事情，从而导致第三种假设落空。另外，孔多塞陪审团定理已被证明即使在第三种假设不成立的情况下，也是有效的。在这里，我们先把技术复杂性放到一边不予考虑。[164]

为了更清楚地了解为什么统计型群体经常能够表现良好，请大家注意一点，即使群体中不是每个人的正确可能性都超过 50%，这个定理的乐观预测很可能依然成立。例如，假设 60% 的人有 51% 的可能性是正确的，40% 的人有 50% 的可能性是正确的；或者 45% 的人有 40% 的可能性是正确的，55% 的人有 65% 的可能性是正确的；甚至 51% 的人有 51% 的可能性是正确的，49% 的人只有 50% 的可能性是正确的。即使在这些条件下，通过多数投票获得正确答案的可能性仍然会随着群体规模的扩大而趋向于 100%。当然，这一趋向性移动的速度肯定不会像每个群体成员都很有可能是正确的情况那么快，但总归还是会移动的。

我们可以尽情想象这些特定数字的无尽变化。即使一些或许多群体成员更有可能是错误的而非正确的，只要这个群体足够大，而且其中仍有许多其他成员是正确的，多数投票仍然可以产生正确答案。考虑另一种具有巨大实际重要意义的可能性：40% 的群体成员更有可能是不正确的，而 60% 的人只有 50% 的可能性是正确的，但是这 60% 的人的错误是完全随机的。因为那些犯错误的人是随机的，所以如果整个群体足够大，那么最终仍然会得到正确答案。

搞清楚“大数法则”，我们就能解开其中的奥秘：如果有一批核心人物依托若干洞察力认识到什么是正确的，如果这个群体的其他人所犯的错误确实都是随机的，那么大多数人最终将会沿着核心人物确定的方向前进。假设有 1000 个人被问及在电影《饥饿游戏》中扮演凯特尼斯的演员的名字。如果 40% 的人选择詹妮弗·劳伦斯（Jennifer Lawrence）（当然，这是正确答案），另外 60% 的人做随机猜测，那么詹尼弗·劳伦斯仍将以最高的票数出现。

大量的概率

在统计型群体的研究中，大多数判断都不属于二元选择，即只是两种可能性之间的选择。使用陪审团定理的最简单的情况是问一个简单的是 / 否问题。但在实际生活中，问题会复杂得多，比如一个罐子里装了多少豆子、称重对象有多少磅、一个国家拥有多少炸弹、某部著作卖了多少本，以及投资会在下一年赚多少钱等。当提供许多选择时，陪审团定理还能成立吗？

首先请注意，回答这些问题，实际上也就是要求每个人回答一长串二进制问题——10 粒豆子还是 1000 粒，20 粒还是 500 粒，50 粒还是 100 粒，等等。如果要求一个足够大的群体回答这样的问题，同时大多数个人的答案又碰巧比随机结果还要好，那么平均答案就有可能是非常准确的。

但不幸的是，一系列二进制结果的概率组合也可能意味着事情会变得更糟糕。如果某人在回答两个问题中的每个问题时都有 51% 的可能性答对，那么他这两个问题都答对的概率仅仅略高于 25%。假设你在判断罐子里有 800 粒还是 780 粒豆子时有 51% 的可能性判断准确，同时在判断罐子里有 780 粒还是 760 粒豆子时仍有 51% 的可能性判断准确。那么就会得出一个可悲的结果，你几乎有 75% 的可能性会在两次判断中错一次，甚至两次全错，而且随着问题数量的增加，事情还会变得越来越糟。

如果有人对五个问题中的每一个问题的回答都有 51% 的可能性回答正确，那么他正确回答所有五个问题的可能性会非常小——略高于 3%。但是对于许多大型群体来说，平均答案就相当准确。这里的关键点又一次与大数法则有关：如果有大量的人更可能选择正确而不是任何不正确的答案，而且如果错误都是随机分布的，那么平均判断将会相当可靠。

通过更多的技术分析，有意采用统计型群体的人们获得了一个相当不错的结果，即正确的结果比其他任何选项都更有可能吸引多数人的支持，哪怕是在有一系列选项的情况下。[165] 其核心思想是，如果群体成员面对三个或三个以上的选择，而且如果每一位个体成员投票选择最佳选项的可能性都高于任何其他选项，那么最佳选择赢得多数人支持的可能性将随着群体规模变大而递增。当成员数量扩展到无穷大时，正确答案成为多数人选择的可能性就将无限接近 100%。

数学细节不重要，重要的是，我们有充分的理由认为，老板或者其他什么人可能会合理地断定，征求大家的意见并采信平均或多数人的答案是行得通的。

陪审团定理的阴暗面

不幸的是，陪审团定理也有自己的阴暗面，而且其影响亦不可小觑。最重要的一点是会使我们在前面已经遇到的一个问题——“无用输入，无用输出”出现新的变化。设想群体中的大多数人也许因为受到某种行为偏差的影响，更有可能是错误而非正确的。在这种情况下，群体大多数人做出正确决定的可能性将随着群体规模的扩大而降至零！

这里有一个重要的警告：“统计平均值在每一种情况下都能保证准确”其实是一种幻觉，而群体不应该被这种幻觉带到沟里去。只有在某些特定条件下，统计平均值才是准确的。其中最重要的一点是，许多人或大多数人得是正确的。如果群体成员倾向于错误的方向，那么采信统计平均值就会成为一个错误。

如果想更加具体地研究这个问题，可以想象一个由许多人组成的群体，每个人至少有 51% 的可能性是错误的。这个群体可以是一家小企业、一个政党、一个宗教组织或一个律师事务所。随着其规模的扩大，群体犯错的可能性就会接近 100%。孔多塞本人明确地表示这种可能性是存在的，并对其成因进行了分析："实际上，当一名投票人的意见为真的概率降到 50% 以下时，他的决策为什么还不如随机决策一定是有原因的。原因只能在左右这名投票人的偏见中找到。"[166]

如果群体成员存在某种程度的偏见，平均答案可能就会偏离正确的方向。此外，错误也可能不仅源自于实实在在的偏见，更源自于混乱、无知、信息处理能力较差，甚至纯粹就是无能的结果。对于需要专门知识的棘手问题，没有理由认为群体成员的平均答案就一定是正确的。复杂的商业或政治问题也一样。即使人们具备处理这些问题的能力，他们也可能误入歧途，特别是在处理高度技术性问题的时候。

我们已经着重指出，个人会受到行为科学家发现的各种偏见影响。如前所述，乐观偏差意味着大多数人表现出不切实际的乐观主义的系统性趋势。[167] 有充分的理由认为，在商业和政治环境中，乐观偏差是一个普遍问题。如果群体成员表现出不切实际的乐观情绪，那么统计型群体就会体现出这种偏差，导致错误的判断。如果一家公司的高级管理人员认为某种产品必然会成功，如果他们的乐观预期并不现实，那么采信群体成员的平均意见对整个群体就没有好处。如果那些参与政治运动的人认为他们的候选人是最好的，并且认为选民到最后都会同意这个意见，系统性偏差就会体现在群体内部的平均观点上［回想一下，2012 年，米特·罗姆尼（Mitt Romney）的许多支持者都认为罗姆尼会赢，即使所有的实证证据表明并非如此］。

当然，传统智慧往往并不排斥谬误，吃一堑，长一智。在许多情况下，群体成员实际上也很容易闹笑话。约瑟夫·亨里奇（Joseph Henrich）与他的合著者提供了一些误导性观念的例子："许多德国人认为，吃樱桃后喝水是致命的，他们还认为将冰放入软饮料是不健康的。然而，英国人却喜欢在享用樱桃后来一杯冷水，美国人则喜欢冰茶。"[168] 至少有一拨人肯定是错的。如果某些国家的大多数人认为美国自己要对"9 · 11"当天在纽约发生的恐怖袭击负责——确实有些国家的人是这样认为的——那么更大的群体组合就会出现严重偏差。简而言之，关于陪审团定理的乐观结论只有当我们假设所涉及的那部分人具有一定程度的准确性时才成立。这个假设或许有点太胆儿大了。

偏差和谬误

把陪审团定理的阴暗面牢牢记在心里，我们就会发现，朝向某个方向的系统性偏差将给统计型群体的答案带来诸多问题。如果恐怖分子被问及美国最近的历史，或者要求那些歧视妇女的男性评估女性的能力，那么这些人的判断不可避免地会出现重大错误，无论涉及的人数有多少。再或者假设一些偏见会导致群体成员偏爱一种或另一种产品（例如，新款平板电脑或汽车）或甚至是公职候选人，也许大多数成员一直就受到了操纵或误导。陪审团定理的阴暗面成为采信平均值也将铸下滔天大错的保证。孔多塞对这个问题非常警惕，认为“此外，必须让选民受到启蒙，而且他们受到的启蒙越充分，他们能够决策的问题就能越复杂”。[169]

如果单纯依靠统计平均数，立法机构和行政官员就完全有可能出于上述原因做出错误的决定。在论及民主问题时，孔多塞清楚地阐述了这一观点，称之为“一个相当重要的观察”：“一个人数非常多的国民代表大会不可能全都由已经得到高度启蒙的人组成。组成这个议会的人更可能在许多事情上表现出极大的无知和许多偏见。因此，会有大量的问题让每一位选民做出正确选择的概率低于 50%。结果就是，参加大会的人越多，做出错误决定的风险就越大。”[170]

孔多塞认为，由于存在偏见和无知无处不在的风险，“很明显，向没有经过启蒙的人民提供民主宪法是危险的”。即使在相对来说民智已开的社会，他也认为公民不应该自做决定，而应该一般只限于选举代表，即“那些意见的正确概率足够大的人”。[171] 孔多塞说的是规模非常大的群体，但在平均观点也会出错的情况下，他的观察同样适用于小型群体。

结果：群体应该何时使用平均值

对群体来说，不能认为解决棘手问题的最佳方法就是邀请大量人群参与并取平均答案，提出这样的建议恐怕要犯大错误。这种方法只有在特殊情况下才有效，即很多人或大多数人更有可能是正确的情况。例如，公司总裁要求一组充分了解情况的顾问制订正确的行动方案，或者大学校长就是否雇用某个岗位的应聘人征求全体教职员工的意见，或者政府机关的首脑咨询一组科学家的意见，了解某个特定的污染问题是否很严重。在所有这些示例中，被征求意见的那些人都有充分的理由值得信任，在这种情况下，平均答案就可能是正确的。

大数法则有另一层意义。如果你对真相所知甚少，不能事先正确地选择最准确的个体判断，怀疑个体估计中存在系统性偏差，那么你还是应该使用平均估计。在没有更好的信息（包括对个人偏差的方向认知）的情况下，最好采信平均值。平均值的确有偏差，但仍然比一般个体成员更准确。另外，别忘了你还有多样性这个朋友。

群体行为的影响有好有坏。如果目标是对事实做出正确判断，孔多塞陪审团定理不提供任何保证。在许多领域，有太多的人会以系统性的方式犯错。智慧群体会充分认识到这一点。现在让我们来谈谈专长的问题以及群体如何才能把专家的作用发挥到极致，这个问题与陪审团定理有着密切联系。

第9章

如何善用专家

许多管理者倾向于采信专家意见。在我们评估这种做法之前，需要先来谈谈什么是“专长”。很明显，这个术语可以有很多种理解方式。我们在这里所说的“专长”，是指赢得有关未来的赌注的能力。这种能力可以含蓄地表达为提出一种好的设计，例如，建造一座桥梁或者另一种能够历经暴风雨和岁月无常的侵蚀而始终屹立不倒的结构，或者设计出一套真正能够防范风险的投资策略。与我们的关注点关系更接近的是准确预测未来不确定事件的能力。

不幸的是，很少有所谓专家能够预测得八九不离十。经过仔细测试，大多数专家证明自己远远不像公众预期（或他们自己声称）得那么精明强干。在大多数行当里，讲述一个动听又令人信服的故事，而不是做出准确的预测，是借以给某人贴上专家标签的主要证据。但是，这些故事往往都是在事后而非事前讲的，一旦在事前讲，它们肤浅的合理性往往多过事实的准确性。

通过对某些政治权威人士的选举预测准确性进行“评分”，我们发现这些人的表现普遍属于时灵时不灵，有时甚至根本就不灵。[172]类似的结论也适用于那些特受欢迎的荐股大师，其中许多人越来越向算命先生靠拢了。社会科学家菲利普·泰特洛克（Philip Tetlock）在其一本具有开创意义的专著中指出，在很多事情上，专家最终都沦落为成绩惨不忍睹的预言家。[173]事实上，本书提供的数据表明，专家的知名度和公众可见度与其准确性呈负相关关系。可悲的是，似乎对权威来说，当个大嘴敢说敢言要比说得准不准更重要。

当然，引经据典的专长肯定也是存在的。天气预报员、物理学家（预测太阳黑子和其他天文现象）、国际象棋大师和桥梁专家，以及医学和财务审计部门的一些专业人员等都是明显的例子。[174]要想知道专家何时可以做出准确的预测，关键是理解两个因素：他们的培训背景以及他们做出预测的环境。

有一种形式的专长来源于对需要做出判断的特定领域具备良好的科学认识。在物理学、气象学、工程学以及若干医学和金融领域，确实存在经过实证验证的理论框架和完善的预测与诊断方法。体育领域也是如此，特别是棒球运动，专家们可以使用统计方法对球员的表现做出相当精准的预测（通过《点球成金》获得赞誉并一举成名）。如果专家接受相关理论和方法的培训——有时可能还有分析软件程序在旁协助——可以肯定他们会将有着广泛基础的科学智慧转化为精准的预测。

奈特·席尔瓦（Nate Silver）在预测政治选举结果方面的独特能力就是这类专长的一个例子。[175] 席尔瓦不是根据他的直觉、经验或偏好来回应谁会赢得选举，而是依靠数百年来的统计理论和实践，对投票结果进行解读，做出预测。席尔瓦的成功高度公开，这也导致其他许多为外界所熟知的政治专家因糟糕的预测记录而引发了公众怒火一次小小的（却完全合乎情理的）爆发。[176]

第二种形式的专长是经验性的，而不是基于理论的，并且可以通过培训掌握。学徒制度就是一种常见的培训方式，学习者可以获得快速和精确的反馈，同时做出许多实践判断。这种专长是一种“知道要找什么”的知识形式，而且通常可以对如何进行评估的有关建议进行归纳总结。[177]

例如，大多数牲畜裁判员（livestock judges）在应邀对获奖牛犊或母猪的市场价值或育种质量进行评估时是非常准确的。他们通过大量的学徒训练学习这种技能，在学习过程中需要做出上万次这样的判断，还必须为每次判断提供充足的理由，然后马上得到更加资深的专家的反馈。类似的培训之道也适用于持证上岗的天气预报员，但他们还能得到专家软件和长期气象理论研究的协助。在这些事例中，细致的行为分析已经发现，对裁判员的专长最形象、最贴切的描述，就是知道整个情势的哪些特定方面需要研究，然后如何将这些线索中的信息组合成一个判断。

第三种形式的专长也是基于成千上万个案例的经验，然后也是快速、准确的反馈。这种形式的专长首次被诺贝尔奖得主、行为科学家赫伯特·西蒙（Herbert Simon）和他的同事比尔·蔡斯（Bill Chase）确认为是国际象棋棋手的杰出技能。[178] 这两位科学家对国际象棋的专长问题（例如，世界级棋手与新手的区别到底在哪里）深感兴趣，而且尤其困惑于为什么大师们的技能在快棋赛中几乎没有下降，要知道这些比赛都要在几秒钟内走完一步，而不是几分钟。

他们的结论是，在对过往棋局数千个小时的学习钻研基础上，大师们建立了一个精心设计的专家存储器，里面保存着成千上万张国际象棋棋局的记忆快照，以及每一种棋局的最佳应手"答案"。这种形式的专家能力还有许多其他例子，都已在随后从运动技能到医学智慧的广泛研究中得到确认。[179] 一名伟大的美式橄榄球四分卫除了具备实施进攻策略的运动能力，还拥有一套能够立即识别出防御方阵型配置的视觉影像记忆库，从而使自己获得一种神奇的能力，在很短的时间内就能判别对方的防御特点，选择传接球的目标队员。网球冠军选手也有同样的记忆库。类似的快照匹配过程还为经验丰富的皮肤科医生和放射科医生提高诊断技能提供了支持。[180]

这三种思维技能——基于理论的推理，关于使用哪种有效线索的知识，以及基于案例的记忆匹配——是行为科学家发现的主要专长形式。据我们所知，再没有其他已经经过验证的、可信的判断专长形式了。

有两个要点要记住。第一，以达到中上水平的准确度预测未来的可靠能力是非常罕见的。第二，某些高度特定的专长形式确实存在。所以，如果你试图发挥集体智慧的作用，请确保从一个经过验证的专家的样本开始。

如果你是从这样的专家开始的，那么你最终可能就做得比对人口进行普遍抽样并采信其平均答案更好。真正的专家几乎肯定会比业余人士的统计平均值做得更好。不过，即使这样，智慧群体仍有一些重要的教训需要牢记。

用其所长

我们现在应该明白，判断得准不准取决于做出相关判断的个人的能力。假设我们可以找到真正的专家来估算牛的重量或计算豆子的数量，假设我们也明白专长就是做出准确评估的能力。如果是这样，那么从理论上说，这些专家，这帮确实神神叨叨、偏执较真儿的人，就应该比统计平均值做得更好。在现实世界中，我们必须经常做出选择，一边是一小群人——他们每个人都掌握着大量的信息，另一边则是一大群人——每个人只掌握少量的信息。一切都取决于专长的水平，有时大型群体还要更糟。

有一件事是清楚的：无论我们是与专家还是与非专家打交道，

从一组这样的人那里获得统计答案是有意义的，不能仅仅依赖于一个人或少数几个人。如果专家可能是正确的，那么由专家组成的统计型群体就会比某位专家个体更具优势，而且这种优势与由普通人组成的统计型群体相对于普通个体的优势完全一样。三个臭皮匠，凑成诸葛亮，许多专家的头脑总比几个强。

大量的证据支持这一说法。[181] 在一系列 30 次比较（thirty comparisons）中，在涉及牛和鸡的价格，实际和名义国民生产总值，患者存活率，以及新屋开工率等五花八门的问题预测上，统计型专家群体就比专家个体的错误要低 12.5%。[182] 而在企业的年收入、美国经济的变化和降雨径流年度峰值等方面的预测上，统计型专家群体也显著优于专家个体。[183] 对于群体来说，意义是直接的。用预测专家斯科特·阿姆斯特朗的话来说就是，“组织往往能够召集它所能找到的最好的专家来做重要的预测。它应该避免这种做法，而应该把一批专家的预测意见综合起来”。[184] 公司的老板们，国家的领导人们，请记住这一点。

对于政治性民意测验来说，把几项民意调查的结果综合在一起考量已经成为标准做法，就像个人预测那样，采信平均值或中位数，而不是只挑一两种。这种做法取得了良好的效果。这里有一个关于选举结果预测的一般教训。如果预测人员对同一问题缺乏足够多的不同意见样本，他们应该转而使用多个指标——一系列不同却涉及相同基本因素的问题。答案可能平均为某种复合指标，但仅仅这一个指标就可能比单项结果更可靠。

不要追星

这些观点对企业和政府的决定都有影响。问题是，包括领导者在内的很多人通常都不愿意使用专家的平均值。相反，追星才是常态。他们想努力找到某一位最准确的思想家，让平均值相形见绌，虽然这种努力通常都是竹篮打水一场空。这种倒霉习惯也许是无处不在的事后诸葛偏差的副产品。在了解事实之后，我们当然准确地知道谁是最接近真相的，但这反而会使我们忘记在知道真相之前，我们其实不知道谁的判断最准确。

阿尔伯特·曼内斯（Albert Mannes）和他的同事们通过研究证明，在专家问题上搞追星那一套十之八九是个坏主意。[185] 他们请杜克大学的 MBA 参加《华尔街日报》一年两次的财务预测游戏。这场公开的竞赛把许多经济专家都拉了进来，大家要相互比拼，看谁在预测利率和失业统计等基本经济走势方面做得更好。要求 MBA 进行 24 期预测。他们可以选择采信某一位最好的专家的意见（根据过去的预测来判断），也可以采信所有专家的平均预测。

结果是戏剧性的：80% 的 MBA 选择采信了最好的专家的意见。但追一位专家的星的效果怎么样呢？不太好。在所有实验条件下，专家追星的做法在效果上明显不如采信所有专家的平均水平。

但是，如果我们决定征求所有专家的意见，是否有一个更好的方法能够把他们的判断综合起来，而不是简单地取平均值呢？这可是一个行为科学智慧的前沿问题。美国国家情报局资助了一个大型研究项目，或许可以提供一些借鉴。[186] 研究人员分成几个团队，试图解决如何在政治、外交和经济事件预测中改进情报分析的问题。新得出的结论是，如果我们根据此前有关类似事件的预测记录，对专家个人进行加权，那么会起到一定的改善效果。所以杜克大学的 MBA 也没错，他们以为最好的专家会提供最丰富的信息，但他们做得过了头，忽视了其他专家的估计中包含的信息。

情报预测研究的一个附带发现是，专家对自己的判断进行自我评价是没有用的。用每个专家的自信度来为他的判断加权，并不能提高加权后的综合判断结果的准确性，专家缺乏对自我表现的主观洞察力。只有以客观的、测量以往准确性的“安打率”加权，才是有帮助的。

教训是明确的：不要被专家的虚张声势忽悠，也不要被专家的自我感觉误导。与令人印象深刻的自我介绍相比，客观证据的指导效果要好得多。

第 10 章

巧办竞技大赛，激发创意

在很长一段时间里，管理人员通过举办正式和非正式的竞技大赛以及其他比赛，鼓励奇思妙想，激发创造力。但就竞技大赛本身而言，我们正进入一个全新的时代。让我们来看一个公众耳熟能详的例子——网飞公司大奖赛，然后尝试从中提取一些更具普遍意义的经验之道。

网飞公司大奖赛

网飞是娱乐节目租赁和点播服务的主要提供商之一，也是一家引领潮流的创新企业。这家公司自己做了很多研发工作。

网飞的网站有一个显著特色，让公司得以吸引许多客户的业务，这就是它的电影推荐引擎——观影匹配系统（Cinematch）。如果你喜欢《纸牌屋》，你可能也会喜欢《广告狂人》；如果你是《星际迷航》的粉丝，《阴阳魔界》或许也会受你青睐；如果《神犬也疯狂》是你的最爱，《超级伙伴》没准儿也能让你开怀（别问为什么）。

“电影匹配系统”的概念源自于贝尔实验室，贝尔实验室也是一个因其创新能力而闻名的机构，其成就包括电子晶体管的发明。贝尔的科学家们一直努力试图改善基于网络的黄页检索服务。后来他们灵光一闪，想到是不是可以在向类似客户成功推荐的过往记录基础上向查询者提供推荐服务。通过贝尔的用户数据库，新客户将与曾经进行过类似查询或已经通过自动黄页获得服务并对服务进行类似满意度评分的其他客户相匹配。

例如，查询者为女性、中等年纪、白人、新教徒、会计，这些身份标签可能与其他几位类似用户匹配，然后查询者获得查询“答案”。答案倾向于包括令类似用户感到高兴的观影建议。网飞在其电影匹配系统的功能中应用同一种基于案例的相似性算法来向其客户推荐电影。除了一些有趣的例外情况，客户一般会很高兴而且经常惊讶地发现电影匹配系统的建议很有用。

2006年，网飞决定对其观影建议的质量进行实质性升级。但是，网飞没有简单地将问题交给自己的内部工程师，而是宣布提供100万美元的奖金，奖给第一种能将电影匹配系统的观影建议误差率降低10%的算法。公司还对比赛规则进行了详细规定。例如，对方案的获胜标准进行了精确的定义，规定了验证这些标准的实验条件，以及向所有竞争对手公开提供“培训数据”，以便参赛团队在将算法提交给网飞之前对其进行微调和测试。参赛选手只用了四天时间就改善了电影匹配系统的误差极限，但是要让误差率减少10%可不是一件轻松的事，比赛足足进行了三年才宣布最终胜利者夺冠的消息（获胜团队来自贝尔实验室）。

最令人惊讶的是，至少对我们来说，是这100万美元的奖金激励所产生的非比寻常的智力投入。来自150多个国家的超过两万支团队参加了比赛。在最后阶段，十多支精英工程师团队投入比赛的时间甚至超过了本职工作。与之相比，拿100万美元交给内部研发部门所激发的工作热情和获得的成果恐怕要小得多。

克服协商失败的痼疾

另外，创新竞技大赛（经济学家这么称呼）如何解决许多困扰协商型群体的问题，也值得多加关注。首先，各个团队分散在全球各地——仅通过互联网参加比赛——意味着相互之间保持独立。其次，各个团队的方法不对外披露（只公布运行结果）。最后，大赛的性质是“赢者通吃”，也就是说，只有一支团队可以获胜，这样就会刺激参赛团队尝试不同的策略，包括尝试用某种全新的策略来搏一把，一步登天。

这种特定环境和激励的混搭调配，促进了独立精神，也有意识地刺激了发散思维的发展，防止某一个团队走错方向或进入死胡同，并影响和波及其他团队。如果大家都不知道其他人在向哪个方向努力，并且如果每个人都受到激励首先要走一条别人没有走过的路，那么流瀑效应就不会发生。虽然个别团队可能会追求比较极端的解决方案，但竞争对手作为一个整体是不可能在某一个方向上出现极化的。

网飞在设定任务条件和目标（获胜标准）上的精确性确保了大多数团队始终把焦点放在解决核心问题上。模糊的比赛规则（例如，传统的内部意见箱）不可能产生网飞大奖赛那种既重点突出，又充满活力的广泛参与。

InnoCentive 及其影响

正如我们所指出的，创新竞技大赛已经存在了几个世纪，但随着互联网的兴起，它们的规模迅速扩大，举办的频率也急剧上升。历史上一个著名的例子是英国政府于1714年设立经度奖（Longitude Prize），悬赏两万英镑，寻找一种能够精确确定（误差不超过30海里）船只经度位置的方法。这项大奖从未兑现[①]，却颁发了许多小奖，鼓励那些为提高航海方位判定做出贡献的科技进

① 也有说法是，一位普通的钟表匠约翰·哈里森（John Harrison）因其发明的精密记时钟解决了这一难题，而在1765年获得了该奖项。——译者注

步。现在，许多公司通过自己的网站举办创新竞技大赛，而在它们不想公开自己的研发战略的时候，就在内部进行比赛。

还有几个例子值得一读。2013 年，通用电气公开举办发动机支架挑战赛，奖金为两万美元，以求解决飞机发动机安装支架减重这一工程问题。[187] 最后，公司收到了近 700 个解决方案，其中 8 个解决方案都具备了问鼎大奖的实力。通用电气将这些解决方案进行整合，取长补短，制造出一种新型支架，比以前的解决方案减重 80%。

在同一年，五角大楼向斯坦福大学的一个团队支付了 200 万美元奖金，他们的机器人汽车赢了 132 英里（约 212 千米）的竞速比赛。还是在 2013 年，生命科学突破奖（Breakthrough Prize in Life Sciences）宣布将支付 300 万美元用于奖励医疗相关的创新。一家新的创业公司（BattleFin）通过举办有数千美元奖金的比赛来寻找能够进行商业金融分析的数学天才。

在这方面，最著名的实干者是 InnoCentive。这家技术导向型公司通过在网站上张榜求贤的方式，将“求解者”与超过 30 万名注册“解题者”（其中半数以上来自亚洲和东欧）进行匹配。基本上来说，InnoCentive 只担任裁判员，保证只发布信息完整、条理清晰的真实问题。公司验证解决方案并监督奖金的支付，奖金通常在 10000 到 100000 美元之间。在找到解决方案后，InnoCentive 还要处理一些法律合同事宜，这些法律合同会使解题者获得相关解决方案的知识产权。

我们已经说过，精心设计的创新竞技大赛有着非凡的动员能力，能够激发和保持高水平的绩效表现。当然，像网飞大奖赛这样的案例，自然有它吸引眼球的新奇效果。但这项比赛在提高个人声誉方面所产生的激励作用，显然也比100万美元的奖金来得更重要。想想看，围观群众可是一大批计算机科学家，都是专业人士，大家都记住了是BellKor’s Pragmatic Chaos这支团队（来自贝尔实验室）赢得了大奖，而在那个圈子里，获奖团队的成员自然也成了名人。

但是即使没有这些奖金，由InnoCentive和其他公司举办的竞技大赛也会吸引世界级工程师和科学家投入大量心血，激发他们的创造力和拼搏精神。企业无论大小，都可以尝试举办自己的比赛，它们只要记住一点：即使是少量的奖励，也可以带来巨大的收益，尤其是因为伴随胜利而来的声誉提升。

为什么竞技大赛能够发挥作用

在经济学中，竞技大赛是目前已知的最有效的市场机制，能够在众多竞争对手充分发挥自身能力的基础上，激发出选手的巅峰表现。这不是巧合，也正是我们能够看到各种体育竞技赛、锦标赛遍地开花的原因所在。这种方式还经常用于激励软件工程师和销售人员等价值创造者的表现，向他们分发巨额奖金。此外，以职业高尔夫或网球比赛的奖金设置为例，奖励设计向冠军大幅倾斜，亚军以下奖金大幅下降（“赢者通吃”则是这一逻辑的最极端体现），也刺激这些精英中的精英创造无与伦比的非凡成就。

InnoCentive 的方法还有其他一些有用的功能，包括对竞争对手匿名（没有人知道竞争对手的确切技术水平），培养个人声誉或与“解题者”长期关系（例如，工作机会）的前景，以及通过互联网这个平台，向中国、印度和东欧等地的解题者提供远远好于当地经济所能提供的经济奖励。

现在也有一个不太明确的地方，那就是竞技大赛这种方法会对信息共享产生何种影响。与预测市场一样，对于是否与其他人分享信息，并无清晰的激励可言。实际上，竞争性组织和机构往往不鼓励信息共享。显然，掌握独家信息就拥有了力量，而在竞技大赛或者彩池投注市场这一类竞争性投资机构中实现最终收益的路径就是对信息严格保密。如果想赢得网飞大奖，你就不能与竞争对手分享你的思路（因为那样你会降低自己获胜的概率）。如果在赛马场投注，你就不能把自己知道的一些小道消息告诉其他投注者（那样的话，你自己下的注就会少赢钱，因为这种赌博规则就是赢家瓜分投注池里的资金）。

尽管在竞争环境中不鼓励分享信息，但在网飞大奖赛的挑战临近尾声时确实出现了一种令人颇感好奇的行为。出乎我们（以及其他几位我们曾经说到的行为科学家）的意料，几支接近获胜的团队居然在最后关头联手，一起向终点冲刺。我们不太清楚为什么这些团队会这么做，但也许他们有理由相信，继续孤军奋战不会赢得大奖，只有密切协作才能跑到终点。但即使不进行信息共享，竞技大赛也可以是一个好主意，因为它能够产生恰当的激励作用，推动参与比赛的精英选手尽其所长，发挥出最高水平。

设计一项卓有成效的竞技大赛：参加人数？奖励机制？

如何对竞技大赛进行精心设计，达成高效决策和解决问题的目的，迄今为止的讨论提出了三点实践经验。第一，确保有一套明确的规则来明确谁能成为胜利者。第二，委托一位值得信赖的裁判来决定谁是胜利者。第三，要把竞技大赛广而告之，面向的受众是那些具有专业知识和工具，能够制订切实可行的解决方案的潜在竞争者。最重要的一点，要对问题进行足够清晰的定义，以便让那些有机会获胜的解题者可以自己做出选择，参与竞争。

但是仍然存在两个问题：应该鼓励多少竞争对手参加竞技大赛？奖品应该如何设定？换句话说，“赢者通吃”型的单一大奖是否就是创造最佳解决方案的最有效的激励措施呢？

应该邀请多少人参加比赛

关于需要鼓动多少人参与竞争的问题，请记住一件事，竞争对手越多，任意一个竞争对手取胜的可能性就越小。因此，人数的增加可能会阻碍每个竞争对手的努力。如果问题的解决方案界定得很清楚，那么应该只让那些有机会解决这些问题的人参加比赛，这样才能确保参赛选手都能以严肃的态度展开激烈的比拼。

困难在于，由于谁最终赢得奖金的不确定性增加（公司和政府在竞技大赛中遇到的很多问题也是这种情况），竞争规模的增加将打击所有竞争个体的积极性。这个结论不仅直接得自于经济理论，而且也是常识，因为竞争者将在决定做什么的时候考虑他们行为的成本和收益。而随着胜利概率的降低，投入竞争的收益自然是减少的。

同时还有心理上的微妙波动。正如我们所看到的，人类往往会产生不切实际的乐观情绪，如果竞争者也有这种特性，那么他们可能就抱着“试试看，没准儿就成了”的态度，尝试一些本来不应该尝试的做法。据我们所知，只有一项研究对这个问题进行了经验性的测试，而结果表明大量竞争者的努力程度下降了。

2011 年，凯文 · 布德罗（Kevin Boudreau）和他的同事们分析了“编程高手”（TopCoder）网站几百项竞赛的结果，看看竞争对手的数量是否会影响个人的努力。[188] 编程高手网站会不停地进行比赛，解决各种软件编程问题。竞争者先注册，然后选择问题类型（例如，算法）参与比赛。他们会在指定的开始时间收到问题并且有 75 分钟来确定解决方案。例如，一个问题可能是：“用最少的计算时间找出多种族社交网络中最受欢迎的人。”

来自世界各地的成千上万程序员参加比赛，试图赢得专业赞誉，通过比赛积累总体绩效评分，进而为自己带来更好的工作机会和现金奖励。“编程高手”竞赛的主要特点是把比赛分隔到多个虚拟房间中，每个房间最多有20个玩家并设有一等奖和其他奖项（当然，重要的是为每个玩家提供一个可靠的参考分数）。这个特点对于对大量竞赛参与者进行行为分析也有支持作用。

作者的分析证实，参与竞争的人越多，竞争对手的努力程度越低，且每个级别的表现都是如此。即使是那些位居前1/5，确实有机会赢得比赛的人，也会在有很多竞争对手的情况下放慢编码任务的节奏。

然而，其他研究人员认为情况要更复杂一些——增加竞争对手的数量除了削弱个人的努力程度，还有其他影响。在布德罗和他的同事们开始研究这一问题前几年，克里斯蒂安·特尔维施（Christian Terwiesch）和徐屹就在猜测，参与比赛的选手越多，意味着每个选手的努力更少，但同时选手越多，找到真正新颖的解决方案的概率也会越大，尤其是在解决复杂程度更高的问题时（即使每名选手的努力程度更低）。[189] 特尔维施和徐屹将这第二个因素称为“平行路径”效应，即更多竞争对手意味着他们在寻找解决方案时会探索更多数量的、相互不同但相互平行的路径。这是一个好消息。

布德罗和他的同事们也发现了平行路径效应的经验证据。虽然大多数选手在完成任务时付出的努力减少了，但要获得无可争议的最佳解决方案，一般还是要有更多选手的参与。其他学界专家推测，在一项具有开拓性和冒险性的事业（如竞技大赛）中引入更多竞争者，选手更有可能尝试真正新颖的解决方案路径，这正是并行路径效应。[190] 在这些成果的基础上，布德罗和他的同事们得出结论，问题越困难，平行路径的积极效果就越大，抑制效果就越小。

鉴于这些阻碍因素和创新工作的复杂性，对于想要通过竞技大赛来解决问题或做出决策的管理者提供中肯的建议，未免言之过早。此外，我们这些建议的唯一的经验基础是布德罗及其同事们的卓越研究，但他们研究的并不是创新竞技大赛，而是关于有明确定义、已知最好答案的比赛。

我们最好的建议是，如果是常规性问题，那么参与竞争的人选应该尽可能少，这意味着每个人都承认自己手头有一个解决方案。但对于真正具有挑战性的问题，目前的方法可能无法解决的问题，不妨广开言路，放手竞争。但我们的建议与最好总是寻求尽可能高的参与水平的主张多少有些不同——后一类主张有时在众包创新的工作中可以考虑。[191]

在竞技大赛的设计中，最重要的任务是仔细规定必须由胜出的解决方案优化的目标。目标越精确，就越有可能吸引那些最有能力实现卓越解决方案的人参与进来。取胜标准是否清晰可能比竞争对手的数量或奖励安排架构更重要。

决定奖品的性质

为解决方案分配奖品的最佳政策是什么？在现行大多数创新

竞技大赛中，规则是只有一个竞争者可以赢得奖品，所谓“赢者通吃”。但是这套规则不符合类似竞技大赛的做法，例如，在职业体育运动中，前几名表现非常好的选手都能获得奖金（虽然金额从第一名往后大幅下降）。

竞技大赛的经济激励理论通常给出的解决办法是提供多人次奖励，具体分配取决于选手的技能水平和风险偏好。创新竞技大赛的数量不像体育竞技大赛（或编程高手竞赛）那样多，但可以通过附加收益（例如，在专业社区中的声誉提升、公司内部的晋升以及职业生涯亮起绿灯等其他收益）产生相当大的激励作用。我们认为，提供多项奖励而不仅限单独奖励，才是正确的做法。提供不止一项奖励往往可以扩大获奖者的范围，同时又不会失去什么重要的东西。所以，我们的建议是把竞技大赛变成“赢者多吃”的比赛，而不要搞成“赢者通吃”。

政府举办的竞技大赛

近年来，美国政府注意到竞技大赛和大奖赛中蕴含的巨大潜力，并采取了许多措施加以推广。让我们先来看看美国政府自己的溢美之词：

> 例如，国防部高级研究计划局的“大挑战”计划提高了无人驾驶机器人汽车的工艺水平。NASA“世纪挑战赛”激发了学

生、民间发明家和创业公司对月球着陆器、太空电梯、节油飞机和宇航员手套等技术的研发热情，创造性解决方案层出不穷。能源部赞助了“L Prize”照明设计大奖，旨在推动高品质、高效能固态照明产品的发展，以取代目前使用的高能耗灯泡。环境保护署通过大奖赛的方式鼓励学生和其他人制作视频，促进环境保护。国务院赞助了多项视频和写作竞赛并大获成功，吸引了来自世界各个国家和地区的参赛者，不但具有广泛的多元代表性，更进一步宣传了美国的公共外交使命。[192]

奥巴马政府的正式指引显示出对使用竞技大赛这种方式的高度热情，并提出了一系列要求，推动越来越多的政府机构举办竞技大赛，确保其符合法律。[193] 迄今为止的许多成功案例表明，政府内部的群体有很大的潜力来参加竞技大赛，产生创新解决方案。2010 年 9 月，奥巴马政府启用了 Challenge.gov 网站，将各联邦政府机构提供的激励性大奖赛上网公开。[194] 四个月后，奥巴马总统签署了《美国竞争再授权法案》，为所有机构举办刺激创新的奖励性竞赛提供了明确的法律授权。[195] 在 Challenge.gov 网站运营的头两年里，就发布了 45 家机构举办的挑战赛，吸引了超过 16 万人参与。[196] 这些挑战涵盖各式各样的政府计划，其中包括美国国务院设立的一万美元奖金，用于奖励在执行军备控制和防扩散条约方面的新思路，以及由环境保护署和卫生与公众服务部设立的 16 万美元奖金，用于研制监测和报告当地空气质量的便携式系统。[197]

在 Challenge.gov 网站和《美国竞争再授权法案》的推动下，美国涌现出一大批极为成功的案例。例如，国家癌症研究所建立了一个消费者易于使用的门户网站，为潜在患者提供有关癌症和其他疾病临床实验的信息。[198] 空军研究实验室利用比赛结果创建了一套原型系统，用于向人口稠密地区空投食物和饮用水等大量人道主义援助包裹，既不损坏包裹，也不会伤到他人。[199] 而在政府内部的创新竞技大赛中，意义最丰富的一个例子，就是美国国家情报局通过高级情报研究计划局（IARPA）实施的综合应急评估项目。该项目的总体目标是发明各种方法，以可验证的方式改进情报分析和预报。与网飞大奖赛一样，这项比赛也制订了详尽的基本规则，设定了一个用于评估是否成功的精确指标，并提供了一些基准绩效标准来对比赛进行界定。

该项目挑选五支大学–产业联合团队参加比赛，每支团队在比赛的第一年获得约 100 万美元的资金支持。同时还付酬给第六个组织——“裁判员”——来监督竞技大赛的进展情况，为每年大约 100 项个体预测问题设计一个公平的竞争环境，跟踪研究团队的总体绩效分数。所有这些团队都必须使用单一指标对其表现打分，也就是用于评估天气预报员表现的那个指标。而且所有团队每年也都必须向裁判员提交一次本团队的最佳程序，由裁判员使用新预测者的样本，对一组相同的测试问题进行验证，以此完成对所有五种方法的测试。

在这场比赛中，最终的奖励是持续的资金支持以及发现高效方法所带来的专业赞誉。对竞争者的这些激励措施还有一个优点，那就是来自 IARPA 的发起人能够及时要求团队分享他们的最佳成果。所有竞争者都要参加年度会议，提供书面进度报告并对其他团队公开，以便大家能够从相互学习以及自我进步中获益。每个团队的发现都要保证全面公开，因为这些报告会确定 IARPA 是否继续分配资金参加竞技大赛。

这一类方法通常有助于解决商业和政府评估与战略中的诸多问题，因为个体对问题的预测在人类众多活动领域的各类预测中是最具代表性的。这些问题包括：从现在开始计算，六个月后巴沙尔·阿萨德是否仍然是叙利亚总统？希腊是否会在本自然年度结束前的某个时候离开欧盟？在接下来的六个月，朝鲜与韩国是否会发生军事冲突？普京是否会再次当选俄罗斯总统？

不同的研究团队往往会专注于截然不同的方法以求改进这些预测：一个小组专注于统计加权和其他数学调整，整合个体估计；一个小组专注于预测市场（参见第 11 章）；一个小组专注于德尔菲法（参见第 6 章）；一个小组专注于那些通过聊天室进行社交交流的预测人员；还有一个小组希望发挥个体估计值的独立性和多样性的作用。

到目前为止，参加这场竞技大赛的多支团队已经取得了许多发现成果。正如我们对于群众智慧的评价一样，取平均值是一个好办法。以客观历史记录加权个体估计值再取平均值，从而提高相似判断的准确性的做法更好，而且还可以将先前的估计与更新后的数据进行平均（并赋予最新估计值比早前的估计值更大的权重）来获得进一步改进。

相比之下，估计者或其同行赋予的主观权重，例如，信心或对相对专业能力的认知，并不会显著提高加权平均估计值的准确性。预测市场和德尔菲法对典型个体的绩效都有改进。有些令人惊讶的是，最成功的判断辅助手段居然是一个热络的老式聊天室，人们可以在里面对当前存在的预测问题进行无拘无束的探讨［由美国宾夕法尼亚大学的芭芭拉·迈勒斯（Barbara Mellers）和菲利普·泰特洛克领导的善断团队致力推动］。

正如我们看到的那样，预测竞技大赛在起步阶段取得的成果还是令人宽慰的，至少这些成果有助于进一步强化我们在本书总结的主要经验教训。但有一个方面还是让我们有点失望——到目前为止，竞技大赛创造的方法，基本都是用来消除预测产生的部分常见噪声和偏差，进而改善决策的。我们真正想看到的是能够改变游戏规则的方法，不仅减少噪声，而且放大信号。但是，竞技大赛的收获还没有达到这个程度，或许要等到信息归集变得更加高效之后才能实现这一目标。

所以，我们还有很多东西需要学习。不过，小心谨慎地进行面对面或结构化的协调可能在这方面也会产生一些效果。强化德尔菲法就是一例。预测者或决策者接受专门培训，学习如何汇总非共享信息，从而避开隐情和常识陷阱。这套方法有可能导致突破，而不仅仅是渐进式的改善。当然，还需要更多的工作来证明我们的推测是准确的。但在这种情况下，尝试一下也未尝不可，最不济也损失不了什么。

着眼全局

关于竞技大赛的话题饶有趣味，也非常重要，这个问题本身就值得写一大本书详加论述。但还是让我们不要为一叶所障目，把焦点集中到整片森林上。

首先，竞技大赛是一个非常惊艳的办法，可以减少群体失败，因为竞技大赛可以克服在本书第一部分中暴露出来的很多问题。其次，各类机构无论大小都应该体验一下竞技大赛的做法，看看是否真的可以激发创造力的火花。最后，跳出你熟悉的圈子，提供一些激励，从外部人那里寻求一点帮助，一般也都不会空手而归，有时甚至会满载而归。如果你向整个世界提问，也许会为自己由此学到的知识而惊讶不已，赞叹不已。

第 11 章

预测市场，改善群体智慧

预测市场是刚刚出现的一种创新工具，但已经被证明在预测事件方面非常成功。事实上，这类市场似乎比协商型群体效果更好。预测市场值得好好关注，因为它们为如何提高协商效果提供了重要启发，也因为它们为研究集体智慧提供了普遍规律，更因为实际预测市场有时可以成为众多私人和公共组织手中的有力武器。

哈耶克和价格体系

要理解什么是预测市场，我们首先要来认识一下弗里德里希·哈耶克（Friedrich Hayek）。这位20世纪伟大的经济学家强调自由市场的重要性，他认为自由市场最重要的作用是可以借此收集和整合信息。哈耶克对社会思想最重要的贡献体现在他1945年的经典（短篇）论文《知识在社会中的利用》中。[200]

在这篇文章中，哈耶克声称，价格的核心优势在于它是许多人的知识和品位的集合，其中蕴含的信息比任何中央计划者、集团或董事会所能拼凑出来的都要多。哈耶克强调信息的非共享本质——“散落四处，支离破碎，经常相互矛盾的知识碎片，全都为相互独立的个体所占有”。[201] 这些知识里肯定包括有关产品的一些事实，但它也包括喜好和口味，而一个运作良好的市场必须要考虑所有这些要素。哈耶克强调，最重要的是那些“非常重要但没有经过组织的知识，从一般规则的意义上说甚至不可能被称为科学的知识：关于时间和地点等特定环境的知识”。[202]

对于哈耶克来说，关键的经济问题是如何将这些没有经过组织的零散知识整合在一起。没有哪个个人或群体可以解决这个问题。计划经济制定者不可能获得为不同个体所拥有的全部知识。作为一个整体，他们掌握的知识甚至连最聪明的、经过精心挑选的群体或专家都望尘莫及。亚里士多德对协商的期冀是否合理姑且不论，至少哈耶克表明了一点，对自由市场来说，超越少数几位思想大师的水平是肯定可能的。哈耶克的核心点是，如果问题是如何汇总信息，那么最好的解决方案通常来自价格体系。在一个相关事实的知识分散在许多人手里的系统中，价格成为一个具有惊人的简洁性与准确性的协调和信号装置。正是在价格的作用下，散落四处的知识得到整合，并在某种意义上获得传播，因为价格本身就是一个向所有人发出的信号。

更妙的是，价格体系有一种神奇的自动功能，特别是它对外界变化的快速响应能力。如果新的信息表明某件产品——电视、汽车、平板电脑或者手表——不好使，人们对这一产品的需求会迅速下降，它们的价格也会下降。当商品突然变得稀缺时，用户就必须对此做出反应，为了获得这个商品支付更高的对价。在哈耶克的论述中，整个市场之所以运转良好，不是因为任何参与者都能看清它的所有功能，而是因为相关信息能够通过价格传达到每个人。

因此，哈耶克宣称“把价格体系描述为某种记录变化的机械，或者确保个体生产商只需观察少数几个指针的移动的电信系统，不仅仅是一种比喻”。[203] 哈耶克将这个过程描述为一个奇迹，并补充说，他选择“奇迹”这个词是为了“把读者从自满情绪中惊醒，因为我们经常以为机制的运作是理所当然的”。[204] 在哈耶克的论述中，价格体系是一个非凡的集体智慧机制，部分是因为它收集了每个人都知道的信息，部分是因为它实施了正确的激励。

诚然，真正的问题在于是哈耶克正确，还是市场逻辑也会出现编码错误和混乱［正如行为经济学家罗伯特·席勒、理查德·塞勒（Richard Thaler）和其他人所强调的那样］。[205] 特别需要指出是，席勒认为信息流瀑效应和从众行为都会影响股票价格，投资者盲目地彼此跟随，但其实这是一个盲人给盲人指路的过程。在这场对哈耶克有关市场过程的乐观态度的根本挑战中，席勒坚持己见，认为“多年来驱动股市的同一股人类心理学力量也有可能影响其他市场”。[206]

我们又回到行为挑战的老话题上来了，市场可以像整合有效信息那样轻易地将错误和幻想也包含在内。就我们目前的讨论而言，核心的实质性问题其实是——人们可以使用市场机制来改善群体判断吗？

又见激励

公司如何预测自己的产品做得好还是不好？几年前，谷歌采用了一种创新的方法。[207] 它创建了一个预测市场，员工可以对公司的各种重要成果进行“投注”。参与者对产品应该何时上市、成功的可能性以及许多其他前景进行预测。他们使用虚拟货币，但可以兑换各种奖品。这种投资，或者赌注，会形成价格。例如，如果大多数人相信谷歌会在下一年卖出200万件新产品，他们就会相应下注，价格将体现这种判断。

总的来说，谷歌预测市场取得的结果极其准确。如果价格表明一种产品可能卖出200万件，它很可能就卖出了200万件。如果价格表明这种产品在7月1日之前不太可能推出，那么它就真的不太可能在那天之前推出。

散落在公司四处的零散知识以这种方式准确汇总。谷歌的预测市场发挥了作用，因为许多掌握着内部信息的员工提出了自己的意见。而作为这些意见的总和——市场价格，自然就会八九不离十。最引人注目的发现是，在预测市场中，价格通常作为概率运行。[208] 当价格表明某一事件有 90% 的可能会发生时，就会有 90% 的时间发生该事件。

回想一下，在协商型群体中，成员可能没有坦白自己知道些什么的动机。因为即使说出来，他们也是在为别人谋福利，同时可能还要付出高昂的代价。相比之下，预测市场重新调整了激励措施，以精确的设计解决了这个问题。由于在预测市场中的投注一般不会向雇主披露（更不用说公众了），投注者或交易者不必害怕对他们的声誉造成任何损害，例如，当他们预测自己公司的销售额会很低时，或者预测某位候选人会当选总统，尽管这人并不讨预测者的朋友和同事喜欢。

由于参与者自己的投注会产生损益，所以他们有强烈的动机使用（并且在这个意义上，披露）他们掌握的任何内部信息。事实上，已经安装预测市场的管理者告诉我们，市场附带的聊天组和论坛功能为管理者提供了极其丰富的信息，因为这是市场本身真实判断的体现。即使信息的细节仍然保密，但它仍会反映在价格信号中。正是通过这些关键方式，预测市场基本消除了影响协商型群体的诸多问题。

预测市场还采取强有力的激励措施，鼓励交易者发掘准确的信息。交易者不太可能盲目交易，他们能够在一段时期里（甚至更长时间）停止交易，以寻找更好的信息，以占据优势。相比之下，在许多协商型群体中，参与者不能离开，他们必须继续协商，而决策所需要的信息往往分散和封锁在个体参与者中。

与其他人一样，投资者当然也会受到他人意见强加的信息压力。但是，因为人们可以揭示（通过投资或“投注”）他们持有的信息并从中获益，竞争市场就产生了巨大的激励效应，鼓励人们把实际拥有的任何信息都披露出来。事实上，人们发现预测市场通常不会放大个人错误，而是消除它们；交易所产生的价格证明是可靠的，即使许多个体交易者出现错误。近年来，预测市场的作用已经远远不止于提供有价值的信息。在无数领域，预测市场都已经被证明极其精准，而价格通常都被当作概率来使用。

一些成功的预测市场

预测市场能够汇聚多元观点，正在许多领域蓬勃发展。以好莱坞证券交易所（Hollywood Stock Exchange）为例，人们通过它预测奥斯卡提名者和获奖者以及上映首周末的票房，其精确水平令人印象深刻，特别是考虑到交易者使用的是虚拟货币而非实际资金。[209] 迄今为止，交易所最值得一提的成就就是它在预测奥斯卡获奖者上不可思议的准确性，几乎所有奖项，只要是发生了交易，那么最有可能获奖的赢家最后都把小金人带回了家。如果你想知道谁会站到台上感谢学院，那就去征求好莱坞证券交易所的意见，你一定不会空手而归。事实上，使用虚拟货币的预测市场通常与使用真实货币的市场一样表现出色。[210]

还有很多其他的例子。许多人认为人类不能预测天气，但美国国家气象局做得相当好，橙汁期货（orange juice futures）做得更好。[211] 另一个大型预测市场侧重于经济数据的研判，例如，将在本周晚些时候发布的经济数据出现某一具体值的可能性有多大，而这个市场的表现甚至优于大约 50 位专业预测人员的预测共识。[212]

许多公司现在都在使用预测市场来汇总不同的观点。消费电子产品公司百思买的管理人员建立了一个名为“黄标交易”（TagTrade）的预测市场（以公司标志中的黄色标签命名）。在这个市场里，员工可以对外部事件（如总统选举和体育竞赛）和公司活动（如季度销售预测或新的分店是否会按时开业）的结果投注。虽然市场使用的是代币积分，但是也用奖品鼓励大家参与：投注最多的人会收到 200 美元的礼券，而更令人羡慕的则是一件特殊的刺绣衬衫。[213]

值得注意的是，“黄标交易”市场在预测季度业绩方面比百思买的官方销售团队还要准确，在预测新办公室是否会按时投入使用时也让工程经理们相形见绌，而它公认的最大功劳，则是帮助百思买最终跑赢了长期竞争对手电路城（Circuit City）。[214] 到 2011 年中，“黄标交易”已经进行了 240 次预测，并且吸引了公司的 2100 名美国员工参与其中。[215]

多年以前，惠普和加州理工学院启动了一个项目，研究预测市场在产品销售方面的信息聚合机制。[216] 实验者挑选了几位在惠普不同业务运营部门工作的员工。由于规模较小，市场的交易非常平淡。这意味着参与者寥寥无几，导致市场的流动性远远达不到理想状态。挑选参与者的目的，是相信每个人都可以根据自己所在部门的情况提供信息。

在组织架构上，市场确保证券代表不同的销量区间。例如，如果销量介于 1 到 10 台打印机，一只证券就会得到回报；如果销量在 10 到 20 台之间，另一只证券将得到回报。在大多数实验中，销量的可能范围被分成十个相等大小的区间。根据每只证券的价格，实验者可以猜测惠普将在那个月卖多少台机器。与需要协商的内部预测相比，预测市场预计具有更大的优势。参与销售的员工在预测时更愿意留点余地，以确保预测结果和销售预期不会相差太多。这种偏差，或者倾向于过度乐观的竞争偏差，可以通过市场激励来减少。

结果表明，市场预测确实改善了惠普的官方预测。在有官方预测的八个市场中，不少于六个市场的市场预测与官方预测相比明显更接近实际结果。许多其他公司，包括礼来公司和微软，也使用预测市场为有关未来业务发展的协商讨论提供补充。

从 1988 年开始，艾奥瓦大学就一直经营着艾奥瓦电子市场（IEM），让人们可以对总统选举结果进行投注。在 2004 年之前的历次选举民调中，IEM 的表现远远好于专业民调组织，战绩是 451：145。[217] 在从 1988 年到 2000 年的四次大选中，IEM 在选前一周的预测值平均绝对误差仅为 1.5%，明显好于盖洛普最终民意调查结果 2.1% 的误差率。[218] 2004 年，艾奥瓦市场的表现更令人惊叹。11 月 1 日午夜，IEM 显示乔治 · W. 布什将获得 50.45% 的选票，约翰 · 克里为 49.55%，与小布什的最后数字 51.56% 和克里的 48.44% 相差无几。

2008 年，IEM 预测，参议员乔 · 拜登（Joe Biden）将成为奥巴马参议员的副总统提名人，而此时尚没有一位政治评论家认为拜登会拔得头筹。在宣布提名前的几个小时，IEM 显示拜登胜出的可能性高达 80%。[219] 2008 年，IEM 的最终预测是，奥巴马得票率为 53.55%，麦凯恩为 46.45%，非常接近 52.93% 和 45.65% 的最终投票结果。在 2012 年总统选举期间，IEM 表现之精准堪比 2008 年。该市场最终预测奥巴马总统的全国得票率为 50.9%，米特 · 罗姆尼为 48.4%。最后的统计是奥巴马为 50.6%，罗姆尼为 47.8%。[220] 值得注意的是，IEM 已经证明不仅能够在选举前夕精准预测，而且在长期预测方面也不逊色。[221]

偏差

那么偏差呢？它们会影响预测市场吗？与群体协商完全一样，市场中的投资者也会受到启发式偏差的影响，明眼人都能看出来。而且只要是人，就躲不开这些影响。例如，社会科学家已经发现，人们会高估他们自己看好的候选人赢得选举的可能性——乐观偏差的一种表现形式。在1980年大选的某个时刻，87%的吉米·卡特（Jimmy Carter）的支持者认为他会赢，而在同一场大选中，罗纳德·里根的支持者中有80%相信他们的候选人会赢。[222] 显然，卡特的支持者大大高估了他们支持的候选人的胜选概率。

如果你听说纽约的一些赌徒特别愿意把赌注压在纽约洋基队身上，你是否会觉得不可思议？[223] IEM的交易者也表现出同样的偏差。1988年，在IEM对迈克尔·杜卡基斯（Michael Dukakis）的总统竞选进行预测时，他的支持者更愿意把宝押在这位运气不佳的马萨诸塞州州长身上，那股子劲头连老布什的拥趸都甘拜下风。[224] 更令人惊讶的是，杜卡基斯的支持者们更愿意认为候选人的辩论有助于民主党候选人，因此在每次辩论后都大量购入力挺杜卡基斯的新筹码。[225] 布什的支持者也表现出完全相同的行为模式。

人们通常以一种能够证明他们对世界的看法是正确的方式——确认偏差——来吸收新的信息，而那些投资于预测市场的人也显示出相同的偏差[226]（毫无疑问，很多投资者因为同样的原因在股票市场上亏损）。一般来说，交易者在预测市场中的买卖与他们的党派身份认同是契合的。[227]

尽管如此，在预测1988年总统大选的结果上，IEM仍然被证明非常准确，甚至比民调还要准确。在离大选投票还不到三个星期的时候，预测市场对候选人获得的票数比例进行了近乎完美的猜测。[228] 原因很简单，虽然许多人都出现偏差，但市场作为一个整体却没有。但是，当许多交易者都容易出错时，又怎么可能实现这么高的准确度？

答案可能在于边际交易者假设（marginal-trader hypothesis），这种假设强调的是一小群不太容易受到偏见左右的交易者的行为。根据这一假设，某些对主要偏见免疫的交易者会对价格产生不成比例的巨大影响。在选举预测市场上，这些交易者能够以牺牲其他交易者的利益为代价赚取大量利润。[229] 如果边际交易者表现活跃并且能够从其他参与者的错误和偏差中获利，那么总体市场价格就不会受到影响——恰恰证明了哈耶克理论的真实性。

有可能会影响预测市场的一个明显偏差是在赛马赌博中经常出现的热门 – 冷门偏差（favorite-longshot bias）。在赛马中，那些热门马带来的回报往往高于比赛现场的其他马，而冷门马的回报却往往低于预期。[230] 在网球比赛中也存在同样的偏差，虽然投注最好的球手可以获得更高的回报，排名较低的球手却能吸引多得不成比例的筹码。[231] 在这些领域，下注者低估了高度确定性事件的收益，却高估了低概率事件的收益。

如果这一点是普遍成立的，那么预测市场在预测高度不可能事件时就可能不准确。[232] 市场很可能高估这种事件发生的可能性。但在现实中的预测市场里，我们能够找到的这种情况下的系统误差证据充其量也就是“适度”。[233]

当然，在有些市场里，交易者出现偏差的确意味着市场就会出现偏差。整个行为金融学的意义就是要试图解释偏差市场如何能够持续存在。[234] 但预测市场一般没有这个问题。我们肯定还要就这个话题学习更多的知识，因为这是一个活跃的研究领域。

泡沫及其他

大家都知道股票市场可能存在泡沫，那些存在泡沫的股票交易价格远远高于其基本价值。往往是在有些人认为一只股票真不值很多钱，同时另外一些人认为这只股票确实值很多钱的时候，就会出现泡沫。因此，人们在投资时总是预期股票价格会因为其他投资者的追捧而上涨。[235]

预测市场会出现泡沫吗？当然会。预测泡沫很容易想象，投资者沿着一定的方向投资，同时相信许多其他投资者也在做同样的事情。而且如果可能出现泡沫，那么也可能发生崩溃。

不管怎样，信息影响可能导致人们在包括预测市场在内的任何市场上都会进行愚蠢的投资。信息流瀑在投资决策中发挥重要作用，就像在我们选择购买什么产品时一样。一家运动鞋公司、一本书、一个电视节目、一个餐厅或一部电影，都有可能因为口碑和风评的力量而一夜爆红。许多人慕名而来，并不是因为他们掌握了独立的信息，知道这个产品确实好；也不是因为他们认为一旦货比货，其他都是渣，而只是因为他们盲从于信息流瀑的信号，跟风而来。

哈耶克没有过多着墨于从众行为对市场造成的风险。如果他有，他最好的回答可能会是这样的：聪明的投资者将警惕这种风险，并且愿意利用它。如果先有一群人把某种产品或某只股票做成了买卖，然后其他人——先是几个，接着很多——也来购买它，那么市场最终会自我调整。

但经验表明，这种观点可能过于乐观，至少对普通股票而言。[236]随着预测市场的发展，应该会出现显著的个体误差，并且毫无疑问会在价格信号中产生一些误差。以 2004 年总统选举为例。在投票当天，投票后的出口民调（exit polls）倾向于克里当选这条戏剧性的消息，不但让一众常规选情专家大跌眼镜，更使选举预测市场出现大量波动，克里参议员成为万人追捧的香饽饽，布什总统则被弃若敝屣。[237]不仅是一旁看热闹的，就连投资者也受到了这些谣言的影响。

当显然重磅的新闻导致许多投资者买入或卖出时，大规模误差基本就是不可避免的。事实上，2004 年选举日当天可能就发生了一次流瀑效应，投资者对彼此的判断做出回应，哪怕这些判断都是基于误导性信息做出的。但对于那些预测市场的狂热拥趸来说，也有一些有利的证据：错误的数据只持续了几个小时，之后，数据又恢复到之前的正常水平。

可行性

对许多群体来说，预测市场普遍面临着一个可行性的问题。首先是不容易建，其次建的过程可能会引起混乱，消耗大量时间。

如果雇主或地方政府只是需要做出短期决策，那么预测市场可能就没有太大的意义。如果相关群体规模较小，也会因为缺乏足够数量的投资者而导致无法创建一个有效的预测市场。必须保证一定数量的参与者，以确保预测市场有足够的信息来汇总。不过，一些私营和公共机构还是会利用预测市场来解决一些问题，例如，目前就在进行雄心勃勃的努力，探索公职人员该如何利用这些市场。

事实上，政府可能会考虑使用预测市场来预测预算赤字、破产风险以及疾病暴发或自然灾害的概率。在这些问题上，预测市场得出的结论都可以用于对协商结果进行现实对照检查。面对自然灾害可能造成的预期损害，每年因实际或预期疾病而死亡的人数，以及其他许多问题，政府官员都可以把预测市场的预测结果纳入考量。针对所有这些情况，私营或公共机构都可以创建预测市场，为关键问题的解决提供信息，供公共机构在进行政策判断时参考、评估。

第 12 章

征求公众意见，获取更多信息

每年，美国联邦机构都会发布数千项新法规。无论问题涉及医疗保健、移民，还是清洁空气，一般都是通过制订规则来落实联邦政策。政府机构都是一个个群体，在汇编相关信息方面也确实费了九牛二虎之力。我们注意到，OIRA 认为其主要责任是收集分散信息，以便尽可能地使相关群体——为政府工作的人——变得更加聪明。

但是我们不要高兴得太早了。政府官员面临一个潜在的严重问题（哈耶克肯定早有体察），哈耶克的“追随者”称之为“知识问题”。即便政府官员都是专家，充分多元，积极进取，他们也不可能什么都知道。一项空气污染监管法规可能对全美各地的企业和州县各级地方政府产生重大影响。这项法规会对洛杉矶市，或者会对俄亥俄、犹他乃至密歇根等州的公司造成哪些影响，监管机构可能看不清楚。政府可能有特别权威的科学家（实际上，确实有），但国内还有其他许多科学家，而他们往往掌握着政府没有掌握的信息。那么政府官员该怎样获取他们需要知道的信息呢？

小规律，大惊喜

在联邦政府内部，答案是通过公告－评议（notice-and-comment）的方式制订规则。通过这个流程，联邦机构发布公告，将拟议规则公示，邀请公众发表意见，留出一个合理的期限（至少60天）供大家评议。规则可能涉及国土安全、空气污染、移民或食品安全。在行政法的教授圈子里，有一种流传已久而且颇有市场的论调——我们姑且称之为世故之论——大意是说评议过程都是假的，只能骗骗小孩子，完全是华而不实的走形式，搞过场。在这种世故之论的演绎中，真正的工作都已经在幕后完成了。当把拟议规则提交给公众时，基本上已经是生米煮成熟饭了。

但桑斯坦在从政期间了解到的情况，却证明所谓的世故之论是完全错误的。相反，评议期非常重要，联邦机构严肃认真地对待人们的建议和关切。政府之所以这样做，首要原因就是：民众拥有官方缺乏的信息，而为了把规则搞好，官员就需要考虑这些信息。拟议规则会一次又一次地根据各种各样的公民团体提供的评议意见进行修改，并获得显著改善。

修改的情况不一而足，有时会对规则进行澄清，有时在尺度上稍稍收缩一点，以免干预性太强，有时会重新确定方向，一下子就柳暗花明、豁然开朗，有时则直接打入冷宫，再也不见天日。公告–评议法主要是一个获取信息的过程，并不考虑利益群体或政治斗争的威胁。

这是本书最短的一章，因为中心思想很简单。根据美国政府内部的现行做法，我们认为其他机构，包括私人机构，也会受益于某种形式的公告–评议流程，无论是正式还是非正式的。例如，假设社交媒体公司正在考虑更改其隐私政策。公司征询公众意见没有任何意义？脸谱网就选择了这条路线，在 2012 年 8 月发布了以下信息：

> 敝司正在考虑更新敝司的数据使用政策以及权利和责任声明。此两份文档可告知阁下敝司将如何收集和使用数据，以及阁下在选择使用脸谱网时适用的规则。请花几分钟时间阅读“文档”标签及其子标签项下的更改内容，并在接下来的七天内提供反馈意见。如果阁下的意见带来更多的更新，敝司亦会于本网页上发布。

当然，脸谱网的隐私政策不可能完全避免争议，但寻求公众意见的努力至少有两个好处。首先，它可以提供尽可能充分的信息作为最终决策的参考，因为这个过程就是为了收集分散的信息。其次，它可以增加善意，增强合法性和公平竞争的感觉。在政府中，公众评议能够使人们产生一种自己的意见得到听取的权利感。只要这种权利是真实的，最终的结果通常就比其他情况下更容易被接受，即使有些人并不完全喜欢其中的法律依据（说实话，面对面的会议确实比评议过程更好，但这样的会议可能需要很多时间）。对于私营部门来说，这两个好处可能非常重要。

我们还可以举出很多例子。网络广告促进会（Network Advertising Initiative）是数字广告企业的自律协会，在修订其行为准则之前，会选择留出一段时间征求公众意见。[238] 同样，拉斯维加斯的一家商业房地产公司向消费者征求建议，应该用哪一类租户填补各种各样的空置零售店铺。[239] 每个空置单位都大张旗鼓地挂上宣传单，上面写着“求帮助！我们需要您的意见！”还提供了唯一的二维码。经过的路人可以用他们的手机扫描二维码，就哪种类型的商铺最适合这个单位的问题提供自己的反馈意见。[240] 更有意思的例子来自军火商。尽管枪不是一种人见人爱的大众商品，但是枪支制造商追迹点（TrackingPoint）公司却广邀各方人士，请大家就公司应该生产哪种类型的枪械畅所欲言。[241] 再拿服装公司为例，如果公司正在考虑一条新的产品线，就可以搜集其实际和潜在客户掌握的分散信息并从中受益。

当然，对于私营部门来说，征求公众意见不应该是一种普遍的做法。政府与私营公司还是有很大区别的。企业有市场管着，它们很快就能发现人们喜欢什么，想买什么。自由市场取决于消费者的反应，对许多公司而言，最好是看看人们实际选择什么，而不是提前询问人们的意见。如果目标是了解产品是否畅销，观察实际行为可比调查有用多了。

此外，公众评议期也可能会制造风险，包括那些提了意见但最终没有得到重视的人做出的负面反应。我们已经说过，公众评议可以提高最终决策的合法性，但整件事有可能适得其反，弄巧成拙。

一切都取决于成本和收益，这在哪里都是一样的。邀请公众评议，落实评议意见，成本也有可能会超过收益。但只要一家机构担心自己的判断可能是错误的，那么它就应该考虑提前寻求反馈的可能性。有时，这就是一种奢侈的投入，但有时，它也确实是值得一做的明智之举。

第13章

神秘因素C：关键时刻该用谁

在体育运动中，有些人以“成就他人”而闻名。“魔术师”约翰逊是一名伟大的篮球运动员，一生共赢得五次美国男子篮球职业联赛（NBA）总冠军。他不仅是一个了不起的得分手、传球手和篮板王，更把他的队友们——其中一些只是普通球员——变成了巨星。另一位王者迈克尔·乔丹在他刚出道的时候就被认为是一名伟大的——也许是有史以来最伟大的球员，但他所在的球队就是不赢球。人们不禁怀疑他是否能够赢得冠军，因为他“不是一个有团队精神的人”。

在商界，有些人也让人觉得像年轻的迈克尔·乔丹——个人是超级巨星，但除了自己的技能，对整个团队的工作再无更多贡献。

但也有其他人像“魔术师”约翰逊那样，获得了能够成就他人的广泛赞誉。能不能聊聊都有哪一类人会像他们那样？不说什么印象、直觉和坊间八卦，只谈有据为证的事实？逐渐浮出水面的答案耐人寻味，它们都涉及一种被称为因素 C（Factor C）的东西。

团队精神

社会科学家发现了一个统计因素，可以用于衡量人们在从事大量认知性任务时的表现，这个因素有时被称为一般智力（general intelligence）。一个明显的结论是，群体成员都应该具备一般智力。事实上，这似乎是真的。在对认知能力的各种测量中，许多不同小组通过研究都获得了一致的发现：智商平均水平更高的群体往往绩效表现也更好。[242]

有趣的是，研究还发现实际工作群体的关系要比实验室群体的关系更为宽松。但证据明确表明，如果群体成员更聪明，群体的绩效表现水平也更高。当然，这不是什么了不起的发现。但是，当你把一群人聚在一起时，请你好好记住这一点。

这个发现的成立有一个重要的前提条件，要把这个条件讲清楚，我们还得回到篮球来说。2010 年，迈阿密热火打造出一支梦之队，延揽三位真正的超级明星加盟：勒布朗·詹姆斯（LeBron James）、德怀恩·韦德（Dwayne Wade）和克里斯·波什（Chris Bosh）。詹姆斯和韦德算得上是历史上最好的篮球运动员，波什也一直是全明星球员。在这支队伍最初组建之时，桑斯坦有幸遇到了波士顿凯尔特人队入选名人堂的著名球员比尔·拉塞尔（Bill Russell）。比尔也是一位赢球大师，以其团队合作精神成为职业篮球运动史上最伟大的球员之一。在他 13 年的 NBA 生涯中，比尔赢得过 11 次总冠军——总冠军率达到令人瞠目的 85%。顺便说一句，比尔还是一位焦虑型的领导者。他在大型比赛前呕吐是尽人皆知的毛病，当他在盥洗室里（大吐特吐）的时候，他的队友们就知道，他们可以期待赢球了。

桑斯坦激动得有点哆嗦（能跟比尔·拉塞尔聊两句，夫复何求啊）地问拉塞尔，迈阿密热火能否赢得那一年的总冠军。桑斯坦原本以为拉塞尔肯定会说能，因为有谁能打败一支有詹姆斯、韦德和波什加盟的球队呢？但是相反，拉塞尔明确地给出了否定的答复："不能！"桑斯坦又问为什么，拉塞尔淡淡地，却不容置疑地说了一句："球只有一个。"事实上，热火队在那年的总决赛中败给了达拉斯小牛队——一支技术远远谈不上炫目的球队，却是一支真正的球队。

再来说说迈克尔·乔丹。他在退役时已经成为历史上最伟大的获胜者之一，以六次总冠军荣誉加身，力压约翰逊（但还是比不上拉塞尔），傲视篮坛。发生了什么事？

线索在这里。1991 年 NBA 总决赛第五场，洛杉矶湖人队在主场大西部论坛球场迎战芝加哥公牛队。比赛进行到后半段的时候，已经以总比分 3∶1 领先的公牛队还在保持着微弱的领先优势。虽然在团队配合上已经付出双倍的努力，但乔丹还是投了好多次篮——不过都失手了。关键时刻，公牛队主教练菲尔·杰克逊（Phil Jackson）叫停，看着乔丹的眼睛说："迈克尔，谁投合适？"迈克尔没有回答。杰克逊又问："迈克尔，谁投合适？"乔丹回答说："老帕"。

"老帕"是约翰·帕克森（John Paxson）——一位被乔丹光环掩盖的后卫，却是一个致命的投手，至少在没人防他的时候可以说是百发百中。乔丹得球传给拉出空当的帕克森，由他在无人防守的情况下连得数分，奠定胜局。公牛队终于赢得了他们的第一次NBA总冠军。顺便说一句，迈阿密热火队最终也凝聚成一个团队，在最初的失败后赢得两次总冠军，团队磨合日渐顺畅可谓功不可没。

聊够了篮球，我们再来聊聊之前提到过的南希–安·德帕尔和杰夫·赞茨这两位奥巴马政府中的焦虑型领导者。他们不是一类人，但他们都知道球只有一个，也知道关键时刻应该用谁。虽然他们都是"忧天派"，但他们并不会被问题吓倒，而是能够透过现象看本质，孜孜以求，寻找解决方案。德帕尔和赞茨了解组建团队的重要性，不仅仅要从每个成员的技能搭配互补上考虑，更要考虑整个团队的协作以及及时弥补团队短板的能力。

好的团队成员，就是无缝对接、配合默契的成员。这条经验似乎人人皆知，毫无新意，但重要的是要记住：性格——不仅是能力——决定一切。在这方面，大多数人的直觉，至少在西方文化中，会导致我们得出两个结论。第一，有些性格类型更好（比尔·拉塞尔和约翰逊，而不是早期的迈克尔·乔丹）。第二，成功的群体具有良好的性格类型组合。

这些结论虽并不完全是错的，但它们也没有什么太大的帮助，能够让我们为某项具体任务确定恰当的性格组合。什么样的性格最适合制定明年的投资策略？决定如何推销手机？进行谈判收购公司？发明一种新的药物或执行紧急疏散？弄清楚如何让一家初创企业一飞冲天？制定版权案件的诉讼策略？

一个颇有市场却很糟糕的答案

对于这类问题，时下最受美国公司欢迎的解决方案是迈尔斯–布里格斯性格分类法（Myers-Briggs Type Indicator），这是一种根据每个人对生活偏好的自我描述将个人分为 16 种基本“性格”的测试。很多公司都很把测试当回事儿。

将每个人都套上不同的性格类型，其实并不是一个好主意。但在解释个中缘由之前，让我们先来看看使用性格评估来预测行为的常见缺点。与集体主义文化更为浓厚的人群（想想亚洲）不同，西方人似乎特别痴迷于把人们的性格特质作为理解和预测未来行为的手段。如果想知道员工史密斯在时间很紧的压力环境下会做什么，我们往往先问自己，史密斯是个什么样的人？这个问题貌似正常，但在实践中，即使最有效的性格测试也只具备一定程度的预测能力。然而，许多人非常自信地依靠对性格的印象来解释他们的朋友和同事的行为。[243] 他们的信心往往用错了地方。

问题在于，我们夸大了人们在不同情境和时间表现出来的行为一致性。如果有人在宅子外面发呆，我们可能会得出结论，他在工作中或在健身房里也会表现得懒散无为。如果有人在课堂上容易分心，那他一定也很容易在工作中分心。但在许多情况下，这种跨情境行为的一致性是不存在的。我们大多数人在不同情境下的行为表现远远不像我们以为的那么一致。我们却对其他人的行为一致性抱有执念。正是在这些关于行为一致性和可预测性的十之八九都是错误的理念影响下，我们对于自己准确理解和预测别人的能力产生了过度的信心。

对于这种过度依赖于性格描述，并对我们的行为预测能力过分自信的倾向，社会心理学家称之为基本归因误差（fundamental attribution error）。[244] 所谓归因，也就是我们大家都很熟悉的解释，即声称他人的行为都是行为人本身拥有的某种特质（例如，外向、懒惰等）的产物。如果实际上有效性很弱的特质（如外向性和自觉性）预测价值较低，那么像迈尔斯－布里格斯测试这一类没有科学依据的特质分类对于预测，设计团队，或其他类型的集体就完全没有用处。

例如，迈尔斯－布里格斯测试中有这样一个问题："你愿意为哪一类老板工作：（1）本性善良，但往往表里不一；（2）伶牙俐齿，但总是合乎逻辑。”回答这个问题的目的是判断你属于“感觉型”还是“直觉型”。还有这个问题：“哪个观点是正确的：（1）事实胜于雄辩；（2）事实说明原则。”你的答案会表明你属于“知觉型”还是“判断型”。再看一个：“你是哪种人：（1）外向，善于沟通，喜欢表达自己；（2）内向，沉默寡言，喜欢独来独往。”你的回答会显示你是“外向型”还是“内向型”。迈尔斯 – 布里格斯测试的 16 种性格类型由四大维度构成：外向 – 内向、感觉 – 直觉、思维 – 情感以及判断 – 知觉。

根据一些报告的统计，几乎 90% 的美国大公司使用迈尔斯 – 布里格斯测试进行员工选择、安排或咨询。[245] 进一步的研究表明，测试本身不能以很高的有效性预测任何行为。[246] 一个问题是这种测试具有统计学家所说的低重测信度（test-retest reliability）。如果间隔一个月后重新进行测试，会有 50% 的可能将一个人从最初划分的类别归入另外的性格类别。由于可靠性如此之低，在公司决定是否将员工分配到一个为期三个月的项目团队时，测试不太可能有很大的预测有效性。

例如，一组研究人员研究了迈尔斯 – 布里格斯测试在团队协作方面的实际价值，并得出结论：“它没有考虑行为差异，也不能明确地阐明个体可能表现出某一特定功能的哪些特征。”[247] 从更加宽泛的角度来看，包括统计荟萃分析在内的更加细致的科学评估，发现人格测试评分几乎没有任何价值，甚至是那些行为指标比迈尔斯 – 布里格斯测试法更有效的测评方法。[248] 因此，迈尔斯 – 布里格斯测试不可能为试图组建团队完成一项新任务的管理者提供任何指导。

同时，尽管迈尔斯－布里格斯测试存在种种弱点，但团队绩效确实看上去取决于人们在相关意义上的社交能力（比尔·拉塞尔得一分）。讲得更专业一些，研究表明，对社交工作环境偏好的测量能够为团队的成功提供有益的线索。由喜欢在团队中工作的人组成的群体最终工作起来也更融洽。[249] 虽然社交偏好和工作成功之间的关系似乎微不足道，但它是真实存在的，明智的团体应该予以考虑。

一项饶有兴趣的发现

我们还需要开展更多的工作，来了解某些类型是否对群体有帮助。但是最近有报道称与麻省理工学院集体智慧中心有关的一个群体在研究中取得了特别引人深思的进展。[250] 这些研究人员想知道是否可以用一些通用方法来评估一个团队在许多类型的智力和社会问题上都拥有解决问题的能力。他们对由两到五名成员组成的群体进行了两次大规模测试，观察群体在头脑风暴、智商测试问答、处理道德困境乃至下棋之类的问题上的应对能力。

他们的核心发现是，三项针对个体成员的测量可以结合成一种有用的集体 IQ（智商）测量方式，研究人员称之为“因素 C”。首先，可以使用成员在社会知觉测试（眼神读心测试）上的平均得分来预测表现：平均分越高，群体的表现越好。这项测试最初是由心理学家西蒙·拜伦–科恩（Simon Baron-Cohe，喜剧演员萨沙·拜伦–科恩的兄弟）设计的，用于诊断儿童自闭症。[251] 接受测试的人需要观察一系列照片，上面只有另一个人的眼睛，并要求判断照片中的人正在经历什么样的情绪（例如，俏皮、激怒、无聊等）。

第二项测量是参与的不平衡性或少数成员主导讨论的倾向，与群体表现呈负相关关系。最有趣的是第三项测量，团队中的女性人数与群体表现有积极的预测作用。

也许最令人震撼的结论是，因素 C 在预测团队绩效方面要比传统的智力测量效果更好（比较 2010 年的达拉斯小牛队和迈阿密热火队，前者已经是一支配合默契的团队，后者虽然众星云集却一盘散沙）。平均智商和最高智商与团队绩效的相关性并不像因素 C 那样高。说得再专业一些，智商测量值的相关性在 +0.10 至 +0.20 的范围内，而因素 C 的相关性则可达到 +0.50 的高水平（+1.00 为相关性最大值）。

另一个值得注意的成果是女性成员的百分比与绩效之间存在简单且直接的关系。这种相关性不是一个简单的多样性因素，相反，女性越多，团队绩效越好。还有一些研究也支持这一基本发现。[252] 但在这个问题上我们应该非常小心，因为这一发现也可以用其他观察结果来解释，例如，女性在各种社会认知和社交判断测试（例如，在这些研究中使用眼神读心测试）中的表现也一直好于男性。

就因素C而言，南茜–安·德帕尔和杰夫·赞茨都是个中高手。德帕尔可以在一瞬间对房间里的形势或者某个人做出迅速判断。她可以马上体察对方的情绪状态，一眼看穿嗨聊背后的真实动机，并提供正好是别人需要的东西。在白宫的第一个月里，桑斯坦的一位女性朋友带着一种既不敢相信又由衷钦佩的情绪评价说，杰夫·赞茨“是我遇到过的所有男人里情商最高的”。当时，赞茨还只是政府工作的新人，要学的东西堆积成山，但他已经掌握了一些非常类似于因素C的技能。

当然，我们应该小心避免在这个问题上得出言过其实的结论。在这个阶段，很难准确地确定到底是哪些力量在背后支撑着因素C和解决问题的任务表现之间的高度相关性。最重要的似乎是个体成员相互合作、协调绩效表现的能力。遗憾的是，这类相关性背后的真实因果关系总是难以界定。

不管怎样，对于研究是否某一特定个体在促进群体绩效方面表现特别出色（其他条件相同），这一发现确实提供了一个重要方向。我们可以认真地考虑这种可能性，通过与个人绩效研究类比，看看是否可以确定对因素C进行通用的、可量化的测量。这种测量将具有极高的价值，使我们能够设计更加高效的群体。它还将激励我们进一步研究那些至少部分由因素C捕获的有效成分的性质。

除了这些基本的耳熟能详的建议，智慧群体在选择人员和设计社交规范时，还应该切实关注社交能力，包括参与和倾听的能力。一个人对于在团队氛围下工作的偏好程度，特别是当这种偏好与社交技能相关联时，会是一个很好的预测因素——其作用不亚于把握其他人情绪状态的能力。

面对面，还是网络？

但是，能不能准确地说到底在什么时候因素 C 才会发挥重要作用？有些群体是以大量独立行动的成员组成的，其中一些成员没有什么情商可言，而且在通常情况下，你也不会把他们视为团队协作的成员。也许他们有点自闭症，但他们的本职工作业绩好得惊人，也让群体因为有了他们而获益匪浅。大多数群体都有这样的成员，甚至领导者本身就是这类人（史蒂夫·乔布斯就不是靠他的情商名闻天下的）。为什么他们不是问题呢？

重要的是对不同类型的集体进行区分（团队、委员会、电子产品爱好者等）。一些团队成员完全或部分独立地完成任务。其他团队则要求成员之间必须相互协作，甚至在最低工作层级上就要针对工作任务进行协作。在评价性格的重要性方面，这种差异影响甚大，不可小视。

许多任务可以是“众包”的，个体可以独立工作，贡献自己的力量，直到任务的最终阶段才需要进行整合或在众多呈交方案中进行选择。许多预测任务（“取平均值”）、竞技大赛（每个人都提交其个人最佳解决方案，任何人都可以看出哪个解决方案是最好的）和选举（每个选民都会寻找一些信息，也会经过社会协商，然后独立投票或得出结论）都属于这类情况。在其他情况下，可以通过巧妙的意见汇总设计（预测市场）将一个一个独立的解决方案集成到集体答案中。

相比之下，许多集体工作则需要从开始到结束一直保持协作。最明显的例子就是那种典型的面对面有实质沟通交流的团队，这种团队必须把各个相互依存的子系统联合在一起，反复调整，直到融合成一个功能完整的整体（顺便说一下，这些日子有关远程办公的想法引起了很多人的兴趣。远程办公可以使许多人更好地工作，特别是在家里有小孩的情况下。如果不需要协调，远程办公可能还没问题，但当需要面对面互动时——实际也经常如此——远程办公就要付出实实在在的代价。对于总体生产力而言，远程办公的影响是好坏参半的）。

假设有一个团队在构建某种实体产品，例如，一座桥梁、一条船或一道开胃菜。团队成员必须频繁互动，快速协调地做出反应，要不然产品就有分崩离析的风险。许多不那么有形的“产品”也需要更多的协调和实时互动。例如，律师事务所内部会对诉讼地位的变化进行持续讨论，如果人们试图创造一款新型平板电脑或计算机，最好的办法也是相互合作，共同开发。

电子网络兴起最令人惊叹的地方是，会有很多看起来需要面对面实时协作的任务，现在可以借助网络的力量只需要少得多的协调就可以完成。改变游戏规则的例子是软件编码，这项工作以前似乎需要面对面的团队合作，但到开发出像开源操作系统 Linux 这样的标志性项目之后，情况发生了彻底改变。

1992 年之前，人们进行了大量工作来创建分布式软件系统，用以支持计算机程序的协作开发。许多商业程序都是在线编写的，团队流程是同步的，但较为松散。但在 1991 年，林纳斯 · 托瓦兹（Linus Torvalds）将这种方法提升到了一个新的水平。他邀请成千上万的程序员为他的操作系统做出贡献，并将协调工作转移到后期选择和编辑过程，不再发挥早期的指导作用。[253] 显然，维基百科是另一个采用新的协作方法的例子，其中识别主要发生在广泛开放的早期阶段，协调和整合则出现得很晚，只在选择和编辑阶段的过程中发生。[254]

这说明，社交技能和对团队工作的渴望可能并非所有类型的成功集体都必备的要素，特别是那些不需要面对面的实时过程的集体。极端的独立性甚至可以成为优势。但是如果团队需要在早期阶段或整个工作过程中进行协调，那么因素 C 以及其他方面的社交能力就会变得非常重要。球可能只有一个，但这是不是一个问题，则取决于要求群体完成的任务的性质。

结　语

打造明智团队的光明未来

出于可以确定的原因，团队的表现往往不是很好。在某些情况下，团队不仅不能纠正其成员的错误，实际上还会放大那些错误，并以这种方式使个体表现出来的行为偏差在团队内部被复制甚至恶化。真要以为当团队的个别成员容易出错时，团队作为一个整体能够纠正这些错误，就会铸下大错。

智慧团队及其领导者一直警惕着这些风险，并试图改变人们的激励方式。他们不提倡嗨聊。聪明的领导者都是焦虑型人士。他们通过自己保持沉默并让其他小组成员多说话来获取信息，即使这些成员的身份地位较低。如果某个团队的成员被要求扮演某些角色（正式或非正式），信息就不太可能丢失。正如我们已经指出的，经常在联邦政府中引用的“山头儿”的概念，就提高了团体获得所需信息的可能性。

对于成为一名具有团队协作精神的人究竟意味着什么，聪明的领导者自有独到的见解：不是去附和大多数人的当前观点，而是添加有价值的信息。领导者创造一种文化，不惩罚，甚至奖励异议观点的表达。他们这样做不是为了保护异议成员，而是团队。团队可以采取措施，将计算统计平均值与协商相结合，比如确保在讨论开始之前表达和记录人们的个人观点。

展望未来，一些最有希望的创新得到了现代技术的支持。竞技大赛可以快速，甚至立即就可以产生创意，而且可以吸引许多竞争者参与。其中一些人的创意很有帮助，甚至令人惊叹。预测市场通常能发挥作用，因为它们提供了正确的激励。通过某种形式的公众评议，私营和公共群体都能从大批民众那里获得信息，而这些人本来是无法进行直接互动的。如果群体寻求制订新的选择方案，而不仅仅从现有方案中选择，他们还有许多可用的策略。在新技术的推动下，海阔凭鱼跃，天高任鸟飞。

团队的失败经常会带来灾难性的后果——不仅仅是对团队成员而言，也是对所有受这些失败影响的人而言。好消息是，几十年的实证工作与最近的创新，提供了一个保障、纠正和增强的实用工具箱。团队可以通过几个清晰可辨的步骤，让自己变得更加聪明。

致谢

本书篇幅不长，但酝酿良久。我们决定落笔是在2007年，当时刚做完几个涉及公民和陪审团协商的合作项目。不过桑斯坦在2009年加入了奥巴马政府，写作计划因此束之高阁，直到2012年我们再次开始。正如书中所写，本书借鉴了桑斯坦的工作经历，以及对政府运作过程中的亮点和败笔的认识。

我们非常感谢编辑杰夫·基欧的卓越工作，他不仅耐心有加，更多次提供指导意见，其中不乏关键时刻的指点迷津之论。三位匿名评论家也提供了极好的评论，令我们颇受启发。桑斯坦特别感谢他的妻子萨曼莎·鲍威尔多次参与这些问题的讨论，海斯蒂感谢南茜·彭宁顿时时贡献的奇思妙想。丹尼尔·坎特也提供了卓越的研究支持和优秀的意见。

我们在这个课题上浸淫已久，部分成果被本书大量采用。首先是凯斯·桑斯坦和里德·海斯蒂的《无效输入，无效输出？一些宏观错误的微观成因》（Garbage In, Garbage Out? Some Micro Sources of Macro Errors），载于2014年《制度经济学杂志》。还有凯斯·桑斯坦的《群体判断》(Group Judgments)，载于《纽约大学法律评论》80 期（2005 年）第 962—1049 页。后一篇文章的大部分内容也出现在凯斯·桑斯坦的另一部专著中:《信息乌托邦：众人如何生产知识》(*Infotopia: How Many Minds Produce Knowledge*，纽约牛津大学出版社，2006 年)。感谢《制度经济学杂志》和《纽约大学法律评论》的编辑允许将相关材料用于本书写作。我们还借鉴了丹尼尔·吉刚和里德·海斯蒂的《对群体判断准确性的适当分析》(Proper Analysis of the Accuracy of Group Judgment，载于 1997 年《心理学公报》第 121 期第 149 页和第 161—162 页)，里德·海斯蒂的《评论文章：群体准确性的实证证据》(Review Essay：Experimental Evidence on Group Accuracy，载于《信息归集和群体决策文献汇编》，主编：伯纳德·格罗夫曼和古伊勒莫·欧文，康涅狄格州格林尼治 JAI 出版公司 1986 年出版，第 129—158 页)。有兴趣了解更多技术性陈述的读者可以参考这部文集。

注 释

引 言

1. 参见 Daniel Kahneman, Thinking, Fast and Slow (New York: Farrar, Straus and Giroux, 2011)。

2. Aristotle, *Politics*, trans. E. Barker (London: Oxford University Press, 1972), 123。

3. John Rawls, *A Theory of Justice* (Cambridge: Belknap Press, 1971), 358–359。

4. Irving L. Janis, Groupthink, 2nd ed. (Boston: Houghton Miffl in, 1982), 7–9。

5. 总体概况参见 , Marlene E. Turner, Anthony R. Pratkanis and Christina K. Struckman, "Groupthink As Social Identity Maintenance," in *The Science of Social Influence: Advances and Future Progress*, ed. Anthony Pratkanis (New York: Psychology Press, 2007), 223–246。

6. 出处同上。

7. Kahneman, Thinking Fast and Slow; Dan Ariely, *Predictably Irrational: The Hidden Forces That Shape Our Decisions* (New York: Harper, 2008); Sendhil Mullainathan and Eldar Shafir, *Scarcity: Why Having Too Little Means So Much* (New York: Times Books, Henry Holt and Company, 2013); Richard H. Thaler and Cass R. Sunstein, *Nudge: Improving Decisions About Health, Wealth, and Happiness* (New York: Penguin, 2009)。

第 1 章

8. Chip Heath and Rich Gonzalez, "Interaction with Others Increases Decision Confidence but Not Decision Quality: Evidence Against Information Collection Views of Interactive Decision Making," Organizational Behavior and Human Decision Processes 61 (1995): 305–326。
9. 参见 Robert S. Baron et al., "Social Corroboration and Opinion Extremity," Journal of Experimental Social Psychology 32 (1996): 537–560。
10. Huaye Li and Yasuaki Sakamoto, "The Influence of Collective Opinion on True-False Judgment and Information-Sharing Decision," 未出版手稿，2013 年 2 月 1 日 , http://ssrn.com/abstract=2210742。
11. 出处同上。
12. Robert L. Thorndike, "The Effect of Discussion upon the Correctness of Group Decisions: When the Factor of Majority Influence Is Allowed For," Journal of Social Psychology 9 (1938): 343–362。
13. Daniel Gigone and Reid Hastie, "Proper Analysis of the Accuracy of Group Judgments," Psychological Bulletin 121 (1997): 149, 161; Reid Hastie, "Review Essay: Experimental Evidence on Group Accuracy," in Information Pooling and Group Decision Making, ed. Bernard Grofman and Guillermo Owen (Greenwich, CT: JAI Press, 1986), 129–158。
14. Robert J. MacCoun, "Comparing Micro and Macro Rationality," in Judgments, Decisions, and Public Policy, ed. Rajeev Gowda and Jeff rey Fox (Cambridge: Cambridge University Press, 2002), 116, 121。
15. J. Scott Armstrong, "Combining Forecasts," in Principles of Forecasting: A Handbook for Researchers and Practitioners, ed. J. Scott Armstrong (New York: Springer, 2001), 433。
16. James Surowiecki, The Wisdom of Crowds: Why the Many Are Smarter than

the Few and How Collective Wisdom Shapes Business, Economies, Societies, and Nations (New York: Doubleday, 2004)。

17. Irving Lorge et al., “A Survey of Studies Contrasting the Quality of Group Performance and Individual Performance, 1920–1957,” Psychological Bulletin 55 (1958): 344。
18. Surowiecki, The Wisdom of Crowds, 5 (discussing jar experiment)。
19. 出处同上，xi– xiii。
20. 部分积极证据，参见：Armstrong, “Combining Forecasts,” 417, 419–420, 427, 433–435。
21. 出处同上，16。
22. Theodore C. Sorensen, Kennedy (New York: Harper & Row, 1965), 306。
23. Arthur M. Schlesinger Jr., A Thousand Days: John F. Kennedy in the White House (New York: Houghton Mifflin, 1965), 258–259。
24. 出处同上，255。
25. 基本情况介绍，参见 Solomon E. Asch, “Opinions and Social Pressure,” in Readings About the Social Animal, 11th ed., ed. Joshua Aronson and Elliott Aronson (New York: Worth, 2011), 17–26。

26 Reid Hastie, Steven Penrod, and Nancy Pennington, Inside the Jury (Cambridge, MA: Harvard University Press, 1983)。

27. Caryn Christensen and Ann S. Abbott, “Team Medical Decision Making,” in Decision Making in Health Care, ed. Gretchen B. Chapman and Frank A. Sonnenberg (New York: Cambridge University Press, 2000), 267, 273–276。

第2章

28. 基本情况介绍，参见 Thomas Gilovich, Dale Griffin, and Daniel Kahneman, Heuristics and Biases: The Psychology of Intuitive Judgment (New York:

Cambridge University Press, 2002)。
29. Amos Tversky and Daniel Kahneman, "Availability: A Heuristic for Judging Frequency and Probability," Cognitive Psychology 5 (1973): 208。
30. Paul Slovic, The Perception of Risk (London: Earthscan Publications, 2000), 37–48。
31. 出处同上，40。
32. Amos Tversky and Daniel Kahneman, "Judgment Under Uncertainty: Heuristics and Biases," in Judgment Under Uncertainty: Heuristics and Biases, ed. Daniel Kahneman, Paul Slovic, and Amos Tversky (Cambridge: Cambridge University Press, 1982), 3。
33. Daniel Kahneman and Shane Frederick, "Representativeness Revisited: Attribute Substitution in Intuitive Judgment," in Heuristics and Biases: The Psychology of Intuitive Judgment, ed. Thomas Gilovich, Dale W. Griffin, and Daniel Kahneman (Cambridge: Cambridge University Press, 2002), 49。
34. Paul Rozin and Carol Nemeroff, "Sympathetic Magical Thinking: The Contagion and Similarity 'Heuristics,'" in Heuristics and Biases, Gilovich, Griffin, and Kahneman, eds., 201。
35. Malcolm Gladwell, Blink: The Power of Thinking Without Thinking (New York: Little, Brown, and Co., 2005)。
36. Alexander Todorov, Anesu N. Mandisodza, Amir Goren, and Crystal C. Hall, "Inferences of Competence from Faces Predict Election Results," Science Magazine 308 (2005): 1623–1626。
37. 有关各类偏差的一整套出色的概括总结，参见 Cognitive Illusions, Rüdiger F. Pohl, ed., (New York: Psychology Press, 2012)。
38. Don Moore, Elizabeth Tenney, and Uriel Haran, "Overprecision in Judgment," in Blackwell Handbook of Judgment and Decision Making, ed. Gideon Keren and George Wu (Oxford: Blackwell, forthcoming)。

39. Roger Buehler, Dale Griffin, and Johanna Peetz, “The Planning Fallacy: Cognitive, Motivational, and Social Origins,” Advances in Experimental Social Psychology 43 (2010): 1。
40. Scott A. Hawkins and Reid Hastie, “Hindsight: Biased Judgments of Past Events After the Outcomes Are Known,” Psychological Bulletin 107 (1990): 311–327。
41. Hal R. Arkes and Catherine Blumer, “The Psychology of Sunk Cost,” Organizational Behavior and Human Decision Processes 35 (1985): 124–140。
42. Garold Stasser and Beth Dietz-Uhler, “Collective Choice, Judgment, and Problem Solving,” in Blackwell Handbook of Group Psychology: Group Processes, ed. Michael A. Hogg and R. Scott Tindale (Oxford: Blackwell, 2001), 48。
43. 出处同上。
44. Janet A. Sniezek and Rebecca A. Henry, “Accuracy and Confidence in Group Judgment,” Organizational Behavior and Human Decision Processes 43 (1989): 1–28。这项发现与过度风险偏好有很大关系，包括在发动战争的情况下，参见 Dominic Johnson, Overconfidence and War: The Havoc and Glory of Positive Illusions (Cambridge, MA: Harvard University Press, 2004), 180–183。
45. 参见 Norbert L. Kerr, Robert J. MacCoun, and Geoff rey P. Kramer, “Bias in Judgment: Comparing Individuals and Groups,” Psychology Review 103 (1996): 687, 689, 691–693。
46. Edward L. Schumann and W. C. Thompson, “Effects of Attorney’s Arguments on Jurors’ Use of Statistical Evidence,” 未出版手稿，1989 年。
47. Glen Whyte, “Escalating Commitment in Individual and Group Decision Making: A Prospect Theory Approach,” Organizational Behavior and Human Decision Processes 54 (1993): 430。
48. 出处同上，430–455。

49. Robert J. MacCoun, “Comparing Micro and Macro Rationality,” in Judgments, Decisions, and Public Policy, ed. Rajeev Gowda and Jeff rey Fox (Cambridge: Cambridge University Press, 2002), 116, 121。

50. Mark F. Stasson et al., “Group Consensus Processes on Cognitive Bias Tasks: A Social Decision Scheme Approach,” Japanese Psychological Research 30 (1988): 68–77。

51. 一般参见 Dagmar Stahlberg et al., “We Knew It All Along: Hindsight Bias in Groups,” Organizational Behavior and Human Decision Processes 63 (1995): 46–58。

第3章

52. A. N. Meltzoff and K. Moore, “Imitation of Facial and Manual Gestures by Human Neonates,” Science 198 (1977): 75–78；另请参见 G. Rizzolatti and L. Craighero, “The Mirror-Neuron System,” Annual Review of Neuroscience 27 (2004): 169–192。

53. Elaine Hatfield, John T. Caccioppo, and R. L. Rapson, Emotional Contagion (New York: Cambridge University Press, 1994); Nicholas A. Christakis and J. H. Fowler, “The Spread of Obesity in a Large Social Network over 32 Years,” New England Journal of Medicine 357 (2007): 370–379; J. H. Fowler and Nicholas A. Christakis, “Dynamic Spread of Happiness in a Large Social Network: Longitudinal Analysis over 20 Years in the Framingham Heart Study,” British Medical Journal 337 (2008): 1–9。

54. Matthew J. Salganik, Peter Sheridan Dodds, and Duncan J. Watts, “Experimental Study of Inequality and Unpredictability in an Artificial Cultural Market,” Science 311 (2006): 854–856; Matthew Salganik and Duncan Watts, “Leading the Herd Astray: An Experimental Study of Self-fulfilling Prophecies in an Artificial Cultural Market,” Social Psychology Quarterly 71 (2008): 338–355;

Matthew Salganik and Duncan Watts, “ Web-Based Experiments for the Study of Collective Social Dynamics in Cultural Markets,” Topics in Cognitive Science 1 (2009): 439–468。

55. Salganik and Watts, “Leading the Herd Astray.”

56. Jan Lorenz et al., “How Social Influences Can Undermine the Wisdom of Crowd Effect,” Proceedings of National Academy of Sciences 108 (2011): 9020–9025。

57. 这只是“软”结果，因为结论取决于分析使用的数据，但总体而言，群体还是比个人更加聪明，尽管其统计显著性并不总能达到常规水平；Barbara Mellers, 沃顿商学院，作者访谈，费城，2013 年 8 月 14 日。

58. 这方面的文献浩如烟海，比较精彩的概述性材料可以参见 David Hirschleifer, “The Blind Leading the Blind,” in The New Economics of Human Behavior, ed. Marianno Tommasi and Kathryn Ierulli (Cambridge: Cambridge University Press, 1995), 188。

59. 此处引用了 Hirschleifer, “The Blind Leading the Blind,” 188, 193–194。

60. 理论性探讨请参见 Erik Eyster and Matthew Rabin, “Naïve Herding in Rich-Information Settings,” American Economic Journal: Microeconomics 2 (2010): 221–243。

61. Judith M. Punchoar and Paul W. Fox, “Confidence in Individual and Group Decision Making: When ‘Two Heads’ Are Worse Than One,” Journal of Educational Psychology 96 (2004): 582–591。

62. Cameron Anderson and Gavin J. Kilduff, “Why Do Dominant Personalities Attain Influence in Face-to-Face Groups? The Competence Signaling Effects of Trait Dominance,” Journal of Personality and Social Psychology 96 (2009): 491–503; Sunita Sah, Don A. Moore, and Robert J. MacCoun, “Cheap Talk and Credibility: The Consequences of Confidence and Accuracy on Advisor Credibility and Persuasiveness,” Organizational Behavior and Human Decision

Processes 121 (2013): 246–255。

63. 出处同上；Cass R. Sunstein, Why Societies Need Dissent (Cambridge, MA: Harvard University Press, 2003)。

64. Lisa R. Anderson and Charles A. Holt, "Information Cascades in the Laboratory," American Economic Review 87 (1997): 847–862。

65. Angela A. Hung and Charles R. Plott, "Information Cascades: Replication and an Extension to Majority Rule and Conformity-Rewarding Institutions," American Economic Review 91 (2001): 1508, 1515。

66. 因此，Anderson and Holt, "Information Cascades in the Laboratory" 中的数据是有 72% 的实验对象遵循了贝叶斯定理，而在 Marc Willinger 和 Anthony Ziegelmeyer 的实验中，遵循贝叶斯定理的实验对象比例为 64%，参见 Marc Willinger and Anthony Ziegelmeyer, "Are More Informed Agents Able to Shatter Information Cascades in the Lab?" in The Economics of Networks: Interaction and Behaviours, ed. Patrick Cohendet et al. (New York: Springer, 1998), 291, 304。

67. Willinger and Ziegelmeyer, "Are More Informed Agents," 291。

68. Anderson and Holt, "Information Cascades in the Laboratory," 847。

69. Jacob K. Goeree, Thomas R. Palfrey, Brian W. Rogers, and Richard D. McKelvey, " Self-Correcting Information Cascades," Review of Economic Studies 74 (2007): 733–762，发现当链条超过 20 名成员时，群体往往可以自我纠正。

70. Hung and Plott, "Information Cascades," 1515–1517。

71. 出处同上，1516。

72. Timur Kuran and Cass R. Sunstein, "Availability Cascades and Risk Regulation," Stanford Law Review 51 (1988): 683–768。

73. Robert E. Kennedy, "Strategy Fads and Competitive Convergence: An Empirical Test for Herd Behavior in Prime-Time Television Programming," Journal of

Industrial Economics 50 (2002): 57–84。

第 4 章

74. Roger Brown, Social Psychology: The Second Edition (New York: Free Press, 1986), 206–207。
75. 出处同上，204。
76. 出处同上，224。
77. 更加清晰的讨论请参见上述出处。
78. Serge Moscovici and Marisa Zavalloni, “The Group as a Polarizer of Attitudes,” Journal of Personality and Social Psychology 12 (1969): 125–135。
79. 出处同上。
80. 出处同上。
81. Cass R. Sunstein et al., Are Judges Political? An Empirical Investigation of the Federal Judiciary (Washington, DC: Brookings Institution Press, 2006)。
82. David Schkade, Cass R. Sunstein, and Daniel Kahneman, “Deliberating About Dollars: The Severity Shift,” Columbia Law Review 100 (2000): 1139。
83. Brown, Social Psychology, 200–245. An effort to systematize some of these points can be found in Edward L. Glaeser and Cass R. Sunstein, “Extremism and Social Learning,” Journal of Legal Analysis 1 (2009): 263–324。
84. Brown, Social Psychology。还有一种类似的观点认为，多数人尤其处于强势地位，因为人们不想招致愤怒或以其他方式失去大量其他人的青睐，而如果少数人施加了影响，是因为他们真正改变了人们的态度，参见 Robert S. Baron et al., “Social Corroboration and Opinion Extremity,” Journal of Experimental Social Psychology 32 (1996): 82。
85. Baron et al., “Social Corroboration,” 557–559，显示佐证提高了信心并由此增强了极端性。
86. 出处同上，541, 546–547, 557，最后的结论是，佐证某人的观点会对意见的极端性产生影响。

87. Brown, Social Psychology, 209–211; John C. Turner, Margaret S. Wetherell, and Michael A. Hogg, “Referent Informational Influence and Group Polarization,” British Journal of Social Psychology 28 (1989): 135–147; Joel Cooper, Kimberly A. Kelly, and Kimberlee Weaver, “Attitudes, Norms, and Social Groups,” in Social Cognition, ed. Marilynn B. Brewer and Miles Hewstone (Oxford: Blackwell, 2004), 259, 269–270。
88. Brown, Social Psychology, 210。
89. Alex Pentland, Social Physics: How Good Ideas Spread— The Lessons from A New Science (New York: Penguin, 2014)。
90. Brown, Social Psychology, 211; Cooper, Kelly, and Weaver, “Attitudes, Norms and Social Groups,” 269。
91. Brendan Nyhan, Jason Reifler, and Peter Ubel, “The Hazards of Correcting Myths About Health Care Reform,” Medical Care 51 (2013): 127–132。
92. Brooke Harrington, Pop Finance: Investment Clubs and the New Investor Populism (Princeton, NJ: Princeton University Press, 2008)。

第5章

93. Garold Stasser and William Titus, “Hidden Profiles: A Brief History,” Psychological Inquiry 14 (2003): 304–313。
94. Daniel Gigone and Reid Hastie, “The Common Knowledge Effect: Information Sharing and Group Judgment,” Journal of Personality and Social Psychology 65 (1993): 959–974。
95. Ross Hightower and Lutfus Sayeed, “The Impact of Computer Mediated Communication Systems on Biased Group Discussion,” Computers in Human Behavior 11 (1995): 33–44。
96. Patricia Wallace, The Psychology of the Internet (Cambridge: Cambridge

University Press, 1999), 82。

97. Garold Stasser and William Titus, "Pooling of Unshared Information in Group Decision Making: Biased Information Sampling During Discussion," Journal of Personality and Social Psychology 48 (1985): 1467–1478。
98. 出处同上，1473；另外参见 Stasser and Titus, "Hidden Profiles," 304。
99. Stasser and Titus, "Pooling of Unshared Information," 1473。
100. 出处同上，1476。
101. 出处同上。
102. 出处同上。
103. Stasser and Titus, "Hidden Profiles," 305。
104. Daniel Gigone and Reid Hastie, "The Common Knowledge Effect."
105. 出处同上，960。
106. 出处同上，973。
107. 出处同上。
108. Susanne Abel, Garold Stasser, and Sandra I. Vaughan-Parsons, "Information Sharing and Cognitive Centrality," paper ERS-2005-037 (Rotterdam: Erasmus Research Institute of Management, May 2005)。
109. Tatsuya Kameda, Yohsuke Ohtsubo, and Masanori Takezawa, "Centrality in Sociocognitive Networks and Social Influence: An Illustration in a Group Decision-Making Context," Journal of Personality and Social Psychology 73 (1997): 296–309。
110. Garold Stasser, Laurie A. Taylor, and Coleen Hanna, "Information Sampling in Structured and Unstructured Discussions of Three-and Six-Person Groups," Journal of Personality and Social Psychology 57 (1989): 67, 72–73。
111. 出处同上，78。
112. 同上；尽管地位较高的成员也会“自我屏蔽”(Melissa C. Thomas-Hunt, Tonya Y. Ogden, and Margaret A. Neale, "Who's Really Sharing? Effects of

Social Expert Status on Knowledge Exchange Within Groups," Management Science 49［2003］: 464–477)。

113. Cecilia L. Ridgeway, "Social Status and Group Structure," in Blackwell Handbook of Group Psychology: Group Processes, ed. Michael A. Hogg and R. Scott Tindale (Oxford: Blackwell, 2001), 352, 354 (collecting studies)。

114. Gwen M. Wittenbaum, Anne P. Hubbell, and Cynthia Zuckerman, "Mutual Enhancement: Toward an Understanding of the Collective Preference for Shared Information," Journal of Personality and Social Psychology 77 (1999): 967, 967–978。

115. Stasser and Titus, "Hidden Profiles," 311。

第6章

116. Carsten K. W. De Dreu, "Minority Dissent, Attitude Change, and Group Performance," in The Science of Social Influence: Advances and Future Progress, ed. Anthony R. Pratkanis (New York: Psychology Press, 2007), 247–270。

117. 出处同上。

118. Caryn Christensen and Ann S. Abbott, "Team Medical Decision Making," in Decision Making in Health Care, ed. Gretchen B. Chapman and Frank A. Sonnenberg (New York: Cambridge University Press, 2000), 272–276。

119. 同上；另请阅读 Sheryl Sandberg, Lean In: Women, Work, and the Will to Lead (New York: Knopf, 2013)。

120. Cecilia L. Ridgeway, "Social Status and Group Structure," in Blackwell Handbook of Group Psychology: Group Processes, ed. Michael A. Hogg and R. Scott Tindale (Oxford: Blackwell, 2001), 354。

121. Harry Kalven and Hans Zeisel, The American Jury (Boston: Little Brown,

1966)。

122. Garold Stasser and William Titus, "Hidden Profiles: A Brief History," Psychological Inquiry 14 (2003): 308。

123. 出处同上。

124. Varda Liberman, Steven M. Samuels, and Lee Ross, "The Name of the Game: Predictive Power of Reputations Versus Situational Labels in Determining Prisoner's Dilemma Game Moves," Personality and Social Psychology Bulletin, 30 (2004): 1175–1185。

125. Stasser and Titus, "Hidden Profiles," 309。

126. Jeffrey A. Sonnenfeld, "What Makes Great Boards Great," Harvard Business Review, September 2002, http://hbr.org/2002/09/what-makes-great-boards-great/。

127. Brooke Harrington, Pop Finance: Investment Clubs and the New Investor Populism (Princeton, NJ: Princeton University Press, 2008)。

128. Angela A. Hung and Charles R. Plott, "Information Cascades: Replication and an Extension to Majority Rule and Conformity-Rewarding Institutions," American Economic Review 91 (2001): 1515。

129. Garold Stasser, "The Uncertain Role of Unshared Information in Collective Choice," in Shared Cognition in Organization: The Management of Knowledge, ed. Leigh L. Thompson, John M. Levine, and David M. Messick (Mahwah, NJ: Erlbaum, 1999): 49, 56–57。

130. Stasser and Titus, "Hidden Profiles," 308（引用的研究报告表明，"当持有独家信息的人被贴上专家的标签时，这个群体似乎更加重视信息"）; Garold Stasser, Dennis D. Stewart, and Gwen M. Wittenbaum, "Expert Roles and Information Exchange During Discussion: The Importance of Knowing Who Knows What," Journal of Experimental Social Psychology 31 (1995): 244, 248–249, 256（表明专家角色的分配会导致对非共享信息的更多

讨论）。

131. Stasser, Stewart, and Wittenbaum, "Expert Roles," 248–249。

132. 对这个故事的精彩演绎，参见 Marlene E. Turner et al., "Groupthink As Social Identity Maintenance," in The Science of Social Influence: Advances and Future Progress, ed. Anthony R. Pratkanis (New York: Psychology Press, 2007), 223。

133. Andrew S. Grove, Only the Paranoid Survive: How to Exploit the Crisis Points That Challenge Every Company (New York: Doubleday, 1996), 89。

134. Irving L. Janis, Groupthink, 2nd ed. (Boston: Houghton Miffl in, 1982), 268。

135. Gary Katzenstein, "The Debate on Structured Debate: Toward a Unified Theory," Organizational Behavior and Human Decision Processes 66 (1996): 316–318。

136. Alexander L. George and Eric K. Stern, "Harnessing Conflict in Foreign Policy Making: From Devil's to Multiple Advocacy," Presidential Studies Quarterly 32 (2002): 484, 486。

137. 出处同上。

138. 出处同上，Stefan Schulz-Hardt, Marc Jochims, and Dieter Frey, "Productive Conflict in Group Decision Making: Genuine and Contrived Dissent As Strategies to Counteract Biased Information Seeking," Organizational Behavior and Human Decision Processes 88 (2002): 563–586。

139. Stefan Schulz-Hardt et al., "Group Decision Making in Hidden Profile Situations: Dissent As a Facilitator for Decision Quality," Journal of Personality and Social Psychology 91 (2006): 1080–1093。

140. Brendan Mulvaney, "Red Teams: Strengthening Through Challenge," Marine Corps Gazette, July 2012, 63–66; Defense Science Board Task Force, The Role and St-atus of DoD Red Teaming Activities (Washington, DC: 2003), 1–48, www.fas.org/irp/agency/dod/dsb/redteam.pdf。

141. Gene Rowe and George Wright, "The Delphi Technique As a Forecasting Tool: Issues and Analysis," International Journal of Forecasting 15 (1999): 353–375。

142. Martin Hilbert, Ian Miles, and Julia Othmer, "Foresight Tools for Participative Policy-Making in Inter-Governmental Processes in Developing Countries: Lessons Learned from the eLAC Policy Priorities Delphi," Technological Forecasting and Social Change 76 (2009): 880–896。

143. Gene Row and George Wright, "Expert Opinions in Forecasting: The Role of the Delphi Technique," in Principles of Forecasting: A Handbook for Researchers and Practitioners, ed. J. Scott Armstrong (New York: Springer, 2001), 126。

144. 出处同上。

145. 出处同上，130； Reid Hastie, "Review Essay: Experimental Evidence on Group Accracy," in Information Pooling and Group Decision Making, ed. Bernard Grofman and Guillermo Owen (Greenwich, CT: JAI Press, 1986), 139。

146. Hastie, "Experimental Evidence on Group Accuracy," 139–145。

147. 出处同上，129。

148. 出处同上，129–130。

149. David H. Gustafson et al., "A Comparative Study of Differences in Subjective Likelihood Estimates Made by Individuals, Interacting Groups, Delphi Groups, and Nominal Groups," Organizational Behavior and Human Performance 9 (1973): 280–291。

第7章

150. Donald T. Campbell, "Evolutionary Epistemology," in The Philosophy of Karl R. Popper, ed. P. A. Schilpp (LaSalle, IL: Open Court, 1974), 412–463。

151. Leslie Valiant, Probably Approximately Correct: Nature's Algorithms for

Learning and Prospering in a Complex World (New York: Basic Books, 2013)。
152. Tom Kelley and Jonathan Littman, The Art of Innovation: Lessons in Creativity from IDEO, America's Leading Design Firm (New York: Doubleday, 2001)。
153. Barry Nalebuff and Ian Ayres, Why Not? How to Use Everyday Ingenuity to Solve Problems Big and Small (Cambridge, MA: Harvard Business Review Press, 2006)。
154. 还可参见 Lani Guinier, The Tyranny of the Majority: Fundamental Fairness in Representative Democracy (New York: Free Press, 1994); Anthony J. McGann, "The Tyranny of the Supermajority: How Majority Rule Protects Minorities," Journal of Theoretical Politics 16 (2004): 53–77.
155. Doug Hall and David Wecker, Jump Start Your Brain, 2nd ed. (Cincinnati: Clerisy Press, 2007)。
156. Daniel Kahneman and Don Lovallo, "Timid Choices and Bold Forecasts: A Cognitive Perspective on Risk-Taking," Management Science 39 (1993): 17–31。

第 8 章

157. 部分积极证据，参见 J. Scott Armstrong, "Combining Forecasts," in Principles of Forecasting: A Handbook for Researchers andPractitioners, ed. J. Scott Armstrong (New York: Springer, 2001), 417, 419–420, 427, 433–435。
158. 参见 William P. Bottom, Krishna Ladha, and Gary J. Miller, "Propagation of Individual Bias Through Group Judgment: Error in the Treatment of Asymmetrically Informative Signals," Journal of Risk and Uncertainty 25 (2002): 152–154。
159. Francis Galton, "Vox Populi," Nature 75 (1907): 450–451。
160. Richard P. Larrick and Jack B. Soll, "Intuitions About Combining Opinions: Misappreciation of the Averaging Principle," Management Science 52 (2006): 111–127。

161. 另请参见 Clintin P. Davis-Stober, David V. Budescu, Jason Dana, and Stephen B. Broomell, “When Is a Crowd Wise?” Decision 2 (2014): 79–101，可以了解更多有关多样化估算值的更加通用的计算和实证分析。
162. 参见 Scott E. Page, Diversity and Complexity (Princeton, NJ: Princeton University Press, 2011)，了解另一项对“多样性的必然收益”进行的数学论证。
163. Bottom, Ladha, and Miller, “Propagation of Individual Bias,” 153。
164. 出处同上。另请参见 David M. Estlund, Democratic Authority: A Philosophical Framework (Princeton, NJ: Princeton University Press, 2008), 225：“数学结果是无可争议的，但它只适用于某些条件。一个是必须有足够多的表决票在统计上是独立的。这个条件经常遭人误解。许多人说这个条件不可能得到满足，因为人们相互之间总是会有千丝万缕的影响，几乎不会彼此独立。然而，定理需要的不是因果关系上的独立性，而是统计独立性。”
165. 关于一些技术复杂性的问题，请参见 Christian List and Robert E. Goodin, “Epistemic Democracy: Generalizing the Condorcet Jury Theorem,” Journal of Political Philosophy 9 (2001): 277, 283–288, 295–297。
166. Keith Michael Baker, ed. and trans., Condorcet: Selected Writings (Indianapolis: Bobbs-Merrill, 1976), 62。这一点在 Estlund, Democratic Authority 中也有强调。
167. Tali Sharot, The Optimism Bias: A Tour of the Irrationally Positive Brain (New York: Pantheon Books, 2011)。
168. Joseph Henrich et al., “Group Report: What Is the Role of Culture in Bounded Rationality?” in Bounded Rationality: The Adaptive Toolbox, ed. Gerd Gigerenzer and Reinhard Selten (Cambridge, MA: MIT Press, 2001), 353–354，对于食物的选择寥寥数笔，但妙趣横生。
169. Baker, Condorcet, 56–57。
170. 出处同上，49。

171. 出处同上，61。

第9章

172. Rebecca Greenfield, “The Best and Worst Pundit Predictors of 2012,” The Wire (blog), November 8, 2012, www.theatlanticwire.com/politics/2012/11/best-and-worst-pundit-predictors-2012/58846/。

173. Philip E. Tetlock, Expert Political Judgment: How Good Is It? How Can We Know? (Princeton, NJ: Princeton University Press, 2006)。

174. 例如，可以参见 James Shanteau, “Competence in Experts: The Role of Task Characteristics,” Organizational Behavior and Human Decision Processes 53 (1992): 252–266。

175. Nate Silver, The Signal and the Noise: Why So Many Predictions Fail— But Some Don’t (New York: Penguin, 2012)。

176. Greg Sargent, “What Nate Silver Really Accomplished,” The Plum Line (blog), Washington Post, November 21, 2012, www.washingtonpost.com/blogs/plum-line/post/what-nate-silver-really-accomplished/2012/11/21/6f9f10c2-3410-11e2-bfd5-e202b6d7b501_blog.html。

177. Malcolm Gladwell, Blink: The Power of Thinking Without Thinking (New York: Little, Brown, 2005) 提供了这类专长的许多范例，尽管这些范例在接受严格的科学检视时证明几乎都无法实际表现出真正的预测专长。

178. Herbert A. Simon and William G. Chase, “Skill in Chess,” American Scientist 61 (1973): 394–403。

179. Gary Klein, The Power of Intuition: How to Use Your Gut Feelings to Make Better Decisions at Work (New York: Doubleday, 2003) 提供了一些通俗的范例记录。

180. Lee R. Brooks, Geoff rey R. Norman, and Scott W. Allen, “Role of Specific Similarity in a Medical Diagnostic Task,” Journal of Experimental Psychology:

General 120 (1991): 278–287。

181. J. Scott Armstrong, “Combining Forecasts,” in Principles of Forecasting: A Handbook for Researchers and Practitioners, ed. J. Scott Armstrong (New York: Springer, 2001), 419–420。当然，对于许多事实性问题，进行一点研究就足以确定正确答案。但还有一些事实性问题，即使大量研究，也仍然没有定论，最好还是咨询专家。

182. 出处同上，428。

183. 出处同上，428, 430–431。

184. 出处同上，433。

185. Albert E. Mannes, Jack B. Soll, and Richard P. Larrick, “The Wisdom of Small Cr-owds,” 未出版手稿，2014 年 4 月获取，http://opim.wharton.upenn.edu/DPlab/papers/workingPapers/Mannes_working_The%20Wisdom%20of%20Small%20Crowds.pdf。

186. Philip Tetlock, “How to Win at Forecasting,” Edge, December 6, 2012, www.edge.org/conversation/how-to-win-at-forecasting。

第 10 章

187. Thomas L. Friedman, “When Complexity Is Free,” New York Times, September 14, 2013, www.nytimes.com/2013/09/15/opinion/sunday/friedman-when-complexity-is-free.html。

188. Kevin J. Boudreau, Nicola Lacetera, and Karim R. Lakhani, “Incentives and Problem Uncertainty in Innovation Contests: An Empirical Analysis,” Management Science 57 (2011): 843–863。

189. Christian Terwiesch and Yi Xu, “Innovation Contests, Open Innovation, and Multiagent Problem Solving,” Management Science 54 (2008): 1529–1543。

190. William J. Abernathy and Richard S. Rosenbloom, “Parallel Strategies in Development Projects,” Management Science 15 (1969): 486–505;

Richard R. Nelson and Sidney G. Winter, An Evolutionary Theory of Economic Change (Cambridge, MA: Belknap, 1982)。

191. Stefan Lindegaard, The Open Innovation Revolution: Essentials, Roadblocks, and Leadership Skills (Hoboken, NJ: John Wiley & Sons, 2010); Don Tapscott and Anthony D. Williams, Wikinomics: How Mass Collaboration Changes Everything (New York: Penguin, 2006)。

192. Jeffrey D. Zients, "Guidance on the Use of Challenges and Prizes to Promote O-pen Government," Executive Office of the President: Office of Management and Bu-dget, March 8, 2010, www.whitehouse.gov/sites/default/files/omb/assets/memoranda_2010/m10-11.pdf。

193. 出处同上。

194. "About Challenge.gov," Challenge.gov，2013 年 10 月 4 日 登 录，https://challenge.gov/p/about。

195. America COMPETES Reauthorization Act of 2010, Pub. L. No. 111-358, 124 Stat. 3982 (2011); Tom Kalil and Tobynn Sturm, "Congress Grants Broad Prize Authority to All Federal Agencies," Open Government Initiative, December 21, 2010, www.whitehouse.gov/blog/2010/12/21/congress-grants-broad-prize-authority-all-federal-agencies。

196. Cristin Dorgelo, "Challenge.gov: Two Years and 200 Prizes Later," Office of Science and Technology Policy, September 5, 2012, www.whitehouse.gov/blog/2012/09/05/ challengegov-two-years-and-200-prizes-later。

197. 关于美国国务院设奖一事，参见 Rose Gottemoeller, "Mobilizing American Ingenuity to Strengthen National Security: A Challenge to the Public," DipNote（美国国务院官网），2013 年 8 月 28 日，http://blogs.state.gov/stories/2012/08/28/ mobilizing-american-ingenuity-strengthen-national-security-challenge-public。关于空气质量奖，参见 "The My Air, My Health HHS/EPA Challenge," 最后修订时间为 2013 年 6 月 17 日，美国环保署，

http://epa.gov/research/challenges/。

198. Office of Science and Technology Policy, Implementation of Federal Prize Authority: Progress Report (Washington, DC: Office of Science and Technology Policy, 2012), 16, www.howto.gov/sites/default/files/implementation-federal-prize-authority.pdf。

199. Challenge.gov, Agency Stories: Challenge and Prize Competitions (Washington, DC: 2011), 5, www.howto.gov/sites/default/files/agency-stories-challenge-prize-competitions.pdf。

第 11 章

200. Friedrich Hayek, "The Use of Knowledge in Society," American Economic Review 35 (1945): 519–530, reprinted in The Essence of Hayek, ed. Chiakinishiyama and Kurt R. Leube (Stanford, CA: Hoover Institution, 1984), 211–224。对哈耶克思想的精彩总结来自 Bruce Caldwell, Hayek's Challenge: An Intellectual Biography of F. A. Hayek (Chicago: University of Chicago Press, 2004)。

201. Nishiyama and Leube, The Essence of Hayek, 212。

202. 出处同上，214。

203. 出处同上，219–220。

204. 出处同上，220。

205. Robert J. Shiller, Irrational Exuberance, 2nd ed. (New York: Broadway Books, 2005)。

206. 出处同上，11。

207. Bo Cowgill, "Putting Crowd Wisdom to Work," Google Official Blog, September 21, 2005, http://googleblog.blogspot.com/2005/09/putting-crowd-wisdom-to-work.html。

208. Justin Wolfers and Eric Zitzewitz, "Prediction Markets," Journal of Economic

Perspectives 18 (2004): 107–126。

209. Saul Levmore, "Simply Efficient Markets and the Role of Regulation: Lessons from the Iowa Electronic Markets and the Hollywood Stock Exchange," Journal of Corporation Law 28 (2003): 593。

210. Emile Servan-Schreiber et al., "Prediction Markets: Does Money Matter?" Electronic Markets 14 (2004): 243–251。

211. Richard Roll, "Orange Juice and Weather," American Economic Review 74 (1984): 871。

212. 参见 Wolfers and Zitzewitz, "Prediction Markets," 113–114。

213. Donald N. Thompson, Oracles: How Prediction Markets Turn Employees into Visionaries (Boston: Harvard Business Review Press, 2012), 105。

214. 出处同上，103。

215. 出处同上，105。

216. Kay-Yut Chen and Charles R. Plott, "Information Aggregation Mechanisms: Concept, Design, and Implementation for a Sales Forecasting Problem," 加州理工学院人文与社会科学学部社会科学专业工作论文，2002 年 3 月，http://authors.library.caltech.edu/44358/1/wp1131.pdf（介绍了惠普使用的这种模型的变种）。

217. Wolfers & Zitzewitz, "Prediction Markets," 112; Robert W. Hahn & Paul C. Tetlock, "Harnessing the Power of Information: A New Approach to Economic Development," 工作论文，AEI-Brookings Joint Center for Regulatory Studies, 2004, 4, http://papers.ssrn.com/sol3/papers.cfm?abstract_id=641444。

218. Wolfers and Zitzewitz, "Prediction Markets," 112。

219. Thompson, Oracles, 50。

220. 关于 IEM 的预测结果，参见："They All Got It Right: Polls, Markets, and Models," PBS NewsHour, November 7, 2012, www.pbs.org/newshour/

businessdesk/2012/11/they-all-got-it-right-polls-ma.html。关于最终投票结果，参见“2012 Presidential Election Results,”《华盛顿邮报》，2012年11月19日，www.washingtonpost.com/wp-srv/special/politics/election-map-2012/president/。

221. Joyce Berg et al., “Results from a Dozen Years of Election Futures Market Research,” 未发表手稿，2003年3月，http://tippie.uiowa.edu/iem/research/papers/bergforsythenelsonrietz_2008.pdf；Joyce E. Berg and Thomas A. Rietz, “Prediction Markets as Decision Support Systems,” Information Systems Frontiers 5 (2003): 79–93。
222. Donald Granberg and Edward Brent, “When Prophecy Bends: The Preference-Expectation Link in U.S. Presidential Elections, 1952–1980,” Journal of Personality and Social Psychology 45 (1983): 479。
223. Koleman S. Strumpf, Manipulating the Iowa Political Stock Market, 未发表手稿，2004年，曾由 Wolfers and Zitzewitz 引用，“Prediction Markets,” 118。
224. Robert Forsythe, Thomas A. Rietz, and Thomas W. Ross, “Wishes, Expectations and Actions: A Survey on Price Formation in Election Stock Markets,” Journal of Economic Behavior and Organization 39 (1999): 94。
225. 出处同上，94–95。
226. Charles G. Lord, Lee Ross, and Mark R. Lepper, “Biased Assimilation and Attitude Polarization: The Effects of Prior Theories on Subsequently Considered Evidence,” Journal of Personality and Social Psychology 37 (1979): 2098–2109。另请参见 Muzafer Sherif and Carli. Hovland, Social Judgment: Assimilation and Contrast Effects in Communication and Attitude Change (New Haven, CT: Yale University Press, 1961), 188（讨论个体如何过滤信息以求与业已表明的立场相一致）。
227. Forsythe, Rietz, and Ross, “Wishes,” 94。

228. Berg et al., Election Futures Market Research, 42。
229. Forsythe, Rietz, and Ross, "Wishes," 99–100。"准理性"（quasirational）这个词来自 Richard H. Thaler, Quasi-Rational Economics (New York: Russell Sage Foundation, 1991), xxi。
230. Richard H. Thaler and William T. Ziemba, "Anomalies: Parimutuel Betting Markets: Racetracks and Lotteries," Journal of Economic Perspectives 2 (1988): 163，探讨了"热门 – 冷门偏差"。另请参见 Charles F. Manski, "Interpreting the Predictions of Prediction Markets," 未发表手稿，2005 年 8 月，www.aeaweb.org/assa/2006/0106_1015_0703.pdf，对赛马数据的研究成果进行了总结。
231. David Forrest and Ian McHale, "Longshot Bias: Insights from the Betting Market on Men's Tennis," in Information Efficiency in Financial and Betting Markets, ed. Leighton Vaughan Williams (Cambridge: Cambridge University Press, 2005), 215–230。
232. 饶有趣味的是，有些体育比赛的赌博下注却呈现相反的模式。在英式职业橄榄球比赛中，不被大家看好的冷门球队一直被低估，参见 David Forrest and Robert Simmons, "Efficiency of the Odds on English Professional Football Matches," in Information Efficiency, ed. Williams, 336。
233. 最重要的证据可以在体育博彩公司 Tradesports 的预测中找到，有大量盘口对高度不可能的结果估价过高，参见 Wolfers and Zitzewitz, "Prediction Markets," 117。
234. 参见 Richard H. Thaler, ed., Advances in Behavioral Finance, vol. 2 (Princeton, NJ: Princeton University Press, 2009)；并请参见 Kay-Yut Chen, Leslie R. Fine, and Bernardo A. Huberman, "Eliminating Public Knowledge Biases in Information-Aggregation Markets," Management Science 50 (2004): 983–994，其中提到了一个例子，采用某种方法调整预测市场的输出结果，降低风险偏好和共享信息的偏差，提高对原始市场价格的预测准确性。

235. Shiller, Irrational Exuberance, 2。
236. 更多证据，参见 Thaler, Advances in Behavioral Finance。
237. Erin Jordan, "Iowa Electronic Markets Yields Near-Accurate Result," Des Moines Register, November 10, 2004。

第 12 章

238. Meredith Halama, "NAI Seeking Public Comment on Revised Code of Conduct," Network Advertising Initiative，2013 年 3 月 1 日，www.networkadvertising.org/blog/nai-seeking-public-comment-revised-code-of-conduct。
239. Laura Carroll, "Opinions Please! Retailers Seeking Public's Input," Las Vegas Review-Journal, July 1, 2013, www.reviewjournal.com/business/retail/opinions-please-retailers-seeking-publics-input。
240. 出处同上。
241. Korri Kezar, "Austin Gun Manufacturer Seeking Public Input," Community Impact Newspaper，2013 年 6 月 25 日，http://impactnews.com/austinmetro/ round-rock-pflugerville-hutto/gun-manufacturer-seeking-public-input/ ; "The Crowdsourced Smart Rifle," TrackingPoint, 2013 年 6 月 21 日，https://tracking-point.com/labs/future/。

第 13 章

242. D. J. Devine and J. L. Phillips, "Do Smart Teams Do Better: A Meta-analysis of Cognitive Ability and Team Performance," Small Group Research 32 (2001): 507–532; Suzanne T. Bell, " Deep-Level Composition Variables as Predictors of Team Performance: A Meta-analysis," Journal of Applied Psychol-ogy 92 (2007): 595–615。
243. Walter Mischel, Personality and Assessment (New York: Wiley, 1968)。

244. Lee Ross and Richard E. Nisbett, The Person and the Situation: Perspectives of Social Psychology (New York: McGraw-Hill, 1991)。

245. Malcolm Gladwell, “Personality Plus,” New Yorker, September 2004, 42。

246. 例如，参见 Kenneth M. Nowack, “Is the Myers Briggs Type Indicator the Right Tool to Use?” Performance in Practice, American Society of Training and Development (Fall 1996): 6。

247. Christina A. Rideout and Susan A. Richardson, “A Teambuilding Model: Appreciating Differences Using the Myers-Briggs Type Indicator with Developmental Theory,” Journal of Counseling and Development, 67 (1989): 532. Tricia Varvel et al., “Team Effectiveness and Individual Myers-Briggs Personality Dimensions,” Journal of Management in Engineering 20 (2004): 146，也有类似的发现：“这项研究没有得出结论，即认为性格类型偏好的特定组合会对团队效率产生直接影响。”

248. Bell, “ Deep-Level Composition Variables,” 595; Steve W. J. Kozlowski and Bradford S. Bell, “Work Groups and Teams in Organizations,” in Handbook of Psychology: Industrial and Organizational Psychology, 2nd ed., ed. Randy K. Otto (New York: Wiley, 2013), 12:412。

249. 出处同上。

250. Anita Woolley et al., “Evidence for a Collective Intelligence Factor in the Performance of Human Groups,” Science 330 (2010): 686–688。

251. Simon Baron-Cohen et al., “The ‘Reading the Mind in the Eyes’ Test, Revised Version: A Study with Normal Adults, and Adults with Asperger Syndrome or High-Functioning Autism,” Journal of Child Psychology and Psychiatry 42 (2001): 241–251。

252. Anita W. Woolley and Thomas W. Malone, “What Makes a Team Smarter? More Women,” Harvard Business Review, June 2011, http://hbr.org/2011/06/defend-your-research-what-makes-a-team-smarter-more-women/。

253. Linus Torvalds and David Diamond, Just for Fun: The Story of an Accidental Revolutionary (New York: HarperCollins, 2001)。
254. Andrew Lih, The Wikipedia Revolution: How a Bunch of Nobodies Created the World's Greatest Encyclopedia (New York: Hyperion, 2009)。